仁　慈
——療癒的力量

The Healing Power of Kindness

肯尼斯·霍布尼克博士（Kenneth Wapnick, Ph. D.）◎著

魏佳芳　若水◎合譯

國家圖書館出版品預行編目資料

仁慈:療癒的力量／肯尼斯‧霍布尼克(Kenneth
Wapnick)著;魏佳芳、若水合譯 -- 初版 -- 臺中市:
奇蹟資訊中心,奇蹟課程,民 103.05
　　面;　　　公分
　　譯自:The healing power of kindness

　ISBN 978-986-88467-4-6(平裝)

　1. 靈修

192.1　　　　　　　　　　　　　　　　103009136

感謝美國F.M.T.女士贊助「肯恩實修系列」之出版

仁慈—療癒的力量
The Healing Power of Kindness

作　　者:肯尼斯‧霍布尼克博士 (Kenneth Wapnick, Ph.D.)
譯　　者:魏佳芳　若水
責任編輯:李安生
校　　對:魏佳芳　李安生　黃真真　林妍蓁
封面設計:蘇荷美術
封面畫作提供:蘇荷兒童美術館‧邱家誼
美術編輯:浩瀚電腦排版股份有限公司
出　　版:奇蹟課程有限公司‧奇蹟資訊中心
　　　　　桃園市光興里縣府路 76-1 號
聯絡電話:(04) 2536-4991
劃撥訂購:帳號 19362531　戶名　劉巧玲
網　　址:www.acimtaiwan.info
電子信箱:acimtaiwan@gmail.com

印　　刷:世和印製企業 (02) 2223-3866
經銷代理:聯合發行公司
　　　　　電話 (02) 2917-8022 # 162
　　　　　　　 (03) 212-8000 # 335

定　　價 新台幣 280 元
出版日期 2014 年 5 月初版
　　　　 2020 年 11 月四刷

ISBN　978-986-88467-4-6

獻給摯愛的心靈導師
肯尼斯・霍布尼克（1942~2013）

感謝你為我們選擇了愛，

活出了你宣揚的道，

領我們走上覺醒的路。

《奇蹟課程》國際通用章節代碼

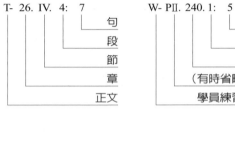
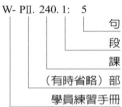

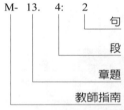

T → 正文
W → 學員練習手冊
M → 教師指南
C → 詞彙解析
P → 心理治療──目的、過程與行業
S → 頌禱──祈禱、寬恕與療癒

目　次

上篇：放下判斷

下篇：寬恕自己的缺陷

寫在「肯恩實修系列」之前

若水

（一）

　　《奇蹟課程》的筆錄者海倫與此書的愛恨情結，已是眾所周知的事。因她深曉這套訊息的終極要旨，也明白自己一旦接納了這一思想體系，她的小我，連帶積怨已深的怒氣，就再也沒有存活的餘地了。因此《奇蹟課程》出現一個很怪異的現象，它的筆錄者千方百計想與它劃清界線，直到肯恩（肯尼斯）的出現，才把海倫又拉回《奇蹟課程》的身邊。

　　肯恩是海倫與比爾的密友，由於互動頻繁，比爾乾脆在辦公室為肯恩添置一張辦公桌，可見他們交往之密。

　　肯恩一接觸《奇蹟課程》，如獲至寶，他反覆地研讀，凡遇不明處，必一一請教海倫。他深覺這份龐大的資料，有重新編校的必要，因它不僅夾雜著私人的

對話，許多章節標題與內文也不相符，全書的體例和格式，如標點、大小寫、段落等等，乃至於專門術語的用詞，每每前後不一。比爾與海倫也深有此感，只是比爾生性不喜校訂工作的繁瑣，這工程便落在海倫與肯恩身上。主事者自然是海倫，即使是大小寫的選擇，或詞句的還原（海倫筆錄的初期曾故意改掉她不喜歡的詞彙，但她也很清楚自己擅自改動的部分），都有待海倫與「那聲音」確認後才能定案。

（二）

比爾曾說，海倫筆錄時的心態有顯著的「解離症狀」（dissociation），她內心的「正念」部分十分清楚「那聲音」所傳授的訊息，筆錄內容才會如此純正，不夾雜個人的好惡傾向（當然，除了她早期的抵制手法以外），但她的「妄念」部分也堅守防線，且以各種奇怪的方式，不允許自己學習這套《課程》。肯恩在海倫的傳記中提到當時的有趣情景：

> 我們常常窩在她家客廳的沙發上進行校訂，海倫總有辦法陷入昏睡，每當討論到一半時，我

向左邊一瞧，海倫已經倒在沙發的另一角了，她一向警覺的大眼睛閉得緊緊的。在她陷入昏睡前，她還會哈欠連連，下頜骨開開合合，頻繁到讓她說不出話來。又有好幾次校訂時，她開始咳嗽，咳得又兇又急，喉嚨好似有什麼異物，想吐卻吐不出來。碰到這類情形，海倫就會放聲大笑，笑得眼淚都流出來，她很清楚這是小我的抗拒。我們就在哭哭笑笑、咳嗽哈欠的交響樂中繼續修訂的工作。（暫別永福/暫譯 P.361）

海倫的心靈，在某一層次，當然了解那聲音所傳的訊息，但她的小我真的不想知道。她偶爾會這樣向肯恩要賴：

在校訂過程中，每隔一陣子，海倫就會故意裝傻。當我們唸完一段比較艱深的文句後，海倫就會大笑，聲稱她完全不懂這一段話究竟在講什麼。我只好一句一句地解釋，我突然發覺自己落入一種相當荒謬的處境：我竟然在向一位心裡其實比任何人都清楚這部《課程》的

人解釋此書的深意。**而我講解《奇蹟課程》的
生涯，可說是從這一刻開始的。**（暫別永福
P.361）

自這一刻起，肯恩開始了他講授《奇蹟課程》的生
涯，四十年如一日，同一形式，同一內涵，同一個小小
基金會，從無擴張之圖，更無意行腳天下，他只是默默
地履行他對耶穌的許諾。

由於早期的奇蹟學員多數都有自己的專業或信仰，
他們往往習慣把《奇蹟課程》融入個人本有的思想體
系。唯有肯恩，毫不妥協地堅守《奇蹟課程》最純淨
且究竟的理念，修正當時所流行的各種詮釋；於此，他
實有不得已的苦衷。因為海倫當年認為，這套思想體系
如此究竟又絕對，可說是推翻了一切人間幻相，根本
不適合大眾閱讀；在她心目中，此書只是給他們五六
個人的。沒想到，此書一到了裘麗（Judy Whitson）手
中，就如野火一般，瞬即燃燒出去。海倫曾跟裘麗說：
**「這部書將來會被傳誦、解說成令你簡直辨認不出這是
《奇蹟課程》的地步。」**為此，那批元老曾想成立「死
硬派核心團體」（hard core group），忠實傳達《奇蹟

課程》的核心理念，絕不爲了迎合大眾的需求而將它摻水、軟化，任它淪爲人人都能接受的「方便法門」。然而，海倫本人從心底害怕這套思想體系，比爾當時又有個人的難言之隱，兩人都拒絕扮演奇蹟教師或專家的角色；最後，肩起這一重任的，唯獨肯恩。

（三）

肯恩的教學特色就是「用《奇蹟課程》的話來詮釋《奇蹟課程》」。他最多只會引用自己喜愛的佛洛依德、尼采、貝多芬作爲開講的楔子，一進入理念的層次，就全部引用原書作爲實證。不論學員問哪一層次的問題，他只有一個答覆，就是**「讓我們看看《奇蹟課程》是怎麼說的」**，基於他博聞強記的能力，他會隨口告訴你，「請翻看第幾頁第幾段」。

肯恩從小就有口吃的毛病，然而他絲毫不受語言的障礙，謙和而誠懇地從三十多歲的青年講到如今的白髮蒼蒼，終於折服了各據山頭的奇蹟群雄，成爲眾所公認的奇蹟泰斗。

綜觀肯恩的學說，四十年來反覆闡述的，其實只有

這一套理念：

——問題不在外面！金錢不是問題，性慾也不是問題，你的親子關係或親密關係更不是問題，因為你眼中的世界根本就不是眞的，只是你編織的夢境而已。

——過去的創傷不是問題，未來的憂懼也不是問題，因為時間根本就不存在，那是小我向你心靈撒下的瞞天過海的大網。

——你若一味向外尋求答案，或把問題推到過去未來，你便徹底錯失了此生的目的。但請記住，這不是罪，你只是「懂錯了」，你最多只會為它多受一些無謂之苦而已。

肯恩的解決之道也說不上是什麼「妙」法，他只是藉由不同事例而重申《奇蹟課程》：「觀看、等待、不評判」的原則。

——只要我們不再害怕面對自己內在的兇手（小我），以耶穌的慈愛眼光諒解小我「不得已」的苦衷，便不難看清它的防衛措施下面所隱藏的眞相。於是，作繭自縛、自虐自苦的傾向自然鬆解，我們便有了「重新

選擇」的餘地。

——然而，很少人真有勇氣面對自己隱藏在無辜面容背後的兇手，這是人們最難跨越的心障。

肯恩花了整整四十年的光陰，就是教我們如何去「看」而已。這一道理雖然不難明白，但人心豈肯僅僅「觀看、等待、不評判」！這一解決方案可說是把小我逼入了絕路，它是寧受百千萬劫之苦也無法接受這種「出路」的。為此，肯恩繼續苦口婆心地講下去，直到有一天，我們豁然領悟，《奇蹟課程》的奇蹟原來是在「寧靜無作」中生出的。

（四）

正因肯恩學說毫不妥協的精神與一成不變的形式，過去這些年，奇蹟資訊中心也不敢貿然出版他的書。於是，我先嘗試以研習的方式，把他的思想架構圖介紹給學員，再逐步出版一些導讀與傳奇故事，為肯恩的書籍鋪路。在這同時，我也展開培訓奇蹟譯者的計畫，從肯恩的簡短問答下手，讓資深學員熟悉他的邏輯理念與風格，「奇蹟課程中文網站」的內涵也因此而更加充實齊

備。經過多年的準備，奇蹟讀者終於食髓知味，期待讀到肯恩書籍的呼聲也愈來愈高了。

而，我們也準備好了。

肯恩將他所有書籍的中文版權都託付給我與奇蹟資訊中心，我們也兢兢業業地肩起他的託付，我逐步邀請學養兼備的奇蹟學員與我攜手合作，藉由翻譯的機會（形式），學習寬恕（內涵），在相互修正的微妙互動中，化解小我視為命根子的特殊性。我們只有一個「共通的理想」，就是把原本只是演講的記錄，提升為精確又流暢的中文作品。而我敢驕傲地說，我們做到了，譯文的文字水平甚至超過了原書。

我常說，當學生準備好時，老師便出現了。在此感謝所有華文譯者與讀者，是你們多年來在自己心靈上的耕耘，促成了這套「肯恩實修系列」的問世因緣，使奇蹟理念得以以它最純粹、最直接，也最具體的形式呈現在我們的眼前。

（若水誌於星塵軒 2012.5）

上 篇

放下判斷

Releasing Judgment

序

　　本書上冊〔編按〕的出版因緣，是在紐約羅斯科
（Roscoe）的一場演說萌芽的，時值1996年9月，爲期
五天的研習，主題是「疾病與療癒」。在這密集課程的
最後一天，我針對那幾天的現象說了一席話，成爲此書
的基本骨架。到現在，我已忘記那一週發生在課堂中的
大部分細節，卻清楚記得我們的教職人員，包括內人葛
洛莉、發行部經理蘿絲瑪琍‧羅薩索、傑佛瑞‧塞伯特
以及我本人，無不對在場學員的矛盾表現驚愕不已。研
習期間，他們一面從「寬恕及化解分裂」的角度來探討
療癒的內涵，另一方面卻毫不留情地相互批評指責，這
跟我們在課堂上講授的內容，以及想要示範的內涵正好
背道而馳，與耶穌在《奇蹟課程》字裡行間所流露的仁
慈溫柔更是格格不入。有鑑於此，我決定在研習的最後

〔編按〕此處之「本書上冊」係指本書之上篇而言。原文書是上下兩
　　　冊，中文版合爲一書，並將「上下冊」改爲「上下篇」。

一段時間深入討論「療癒所需的愛心」，重申耶穌眞正
要傳達的精神——放下判斷，化解分裂。無庸置疑的，
唯有仁慈方能反映出我們與生俱來彼此不分的一體性；
而攻擊心態則恰恰相反，除了加深彼此的距離和隔閡，
別無意義可言。

　　既然本書是這個實修系列的第二本〔原註〕，理當
在此提出修練奇蹟的關鍵精神，亦即「療癒的仁慈原
則」。前三章是全書的核心，係根據原先演講的內容編
輯而成，大致保留了當時演講的現場氣氛，經過修潤編
輯之後更適於閱讀。此外，我們增添了幾段《奇蹟課
程》的章節內容，加深這一議題的內涵。同時，我們也
採用其他研習所發生的相關實例，具體說明原本是療癒
所需的「愛心」，如何不經意地被小我操弄，變成分裂
和攻擊的手段。

　　本書上篇的「導言」，節錄自我的另一本著作《奇
蹟課程的訊息上冊：叫召者眾／暫譯》（*The Message
of A Course in Miracles: All Are Called*）的最後一章

〔原註〕第一本書係指《終結對愛的抗拒》（*Ending Our Resistance to
　　　Love*）（編者按：奇蹟資訊中心已於2012年出版此書中譯本）。

〈仁慈一點〉（Being Kind），此文曾刊登於《燈塔》
（The Lighthouse）期刊，文中所揭櫫之主旨可說與本
書互相呼應。為了契合本書論述上的鋪展節奏，我把
該章的部分段落移到最末，作為本書的結語。此外，
在上篇結尾，我附上了兩篇《燈塔》的文章，是由我
和內人葛洛莉共同撰寫的。第一篇〈誓不傷人〉（Do
No Harm to Anyone），其靈感來自〈希波克拉底誓言〉
（Hippocratic oath）〔譯註〕，旨在論述「仁慈及溫柔」
的基本修養。第二篇〈以仁慈而單純的心傳達仁慈而
單純的訊息〉（A Kind and Simple Presentation of a Kind
and Simple Message），文中提醒學員：千萬別讓《課
程》的高深思想落入小我的圈套，因而忘了「救恩要
你學的功課簡單無比」（T-31.I.2:2）。一言以蔽之，就是
「仁慈一點」。

本書上篇所側重的，乃是「仁慈待人」；而下篇的
焦點則放在「仁慈地寬恕自己的缺陷」。

一如以往，我由衷感謝我們基金會的發行部經理蘿

〔譯註〕又稱〈醫師誓言〉，以古希臘名醫希波克拉底之名字命名，流
傳兩千多年，被視為規範醫生遵守職業道德之宣言。

絲瑪琍・羅薩索女士。從本書的起始創意、純熟的編輯手法，到最終的完稿，無不展現出她細膩忠實的專業修養。我也特別要感謝內人葛洛莉，多年來她不斷督促我出版這類小書，其後，我也總算「從善如流」了；箇中因緣，顯然自有天意。

導　言

　　耶穌以優美的文辭、清晰的條理及慈愛的祝福，帶給世界一部啓發心靈的《奇蹟課程》，然而，倘若不能活出書中的教誨，這些訊息對我們便不具任何意義。因此，耶穌在〈正文〉語重心長地說了下面這段話來警惕學員，「切莫」重蹈過去兩千一百多年來的覆轍，也就是忙著傳道，卻不能身體力行：

　　請勿向人宣揚我無謂的死亡。而應教他們看出
　　我並沒有死，**我正活在你內**。（T-11.VI.7:3~4）
　　〔譯註〕

　　換言之，我們若想將耶穌所傳授的「化解小我死亡的思想體系」之眞理帶給他人，就必須先在生活中具體「活出」他所教導的寬恕精神，化解小我那一套「仇恨、攻擊和謀殺」的思想體系。再重申一次，身教而非

〔譯註〕引文中之黑體字是肯恩所強調的。全書同。

言教，才是示範耶穌的教誨最有效的方式：

教誨的方式很多，其中以以身作則最為上乘。

（T-5.IV.5:1）

另在〈練習手冊〉「我身在上主的牧者之列」這一
課，耶穌不但委婉指出「我們自己得先接納救恩」這個
原則，還不厭其煩地勉勵學員，千萬不要把他所傳授的
課程當成一份「教學工作」，而是要「活成」他所教的
那一典範。

天堂使者的角色與人間的信差之間有一個基本
的不同處。他們傳遞信息的首要對象乃是自
己。**唯有自己先接納這些信息，他們才能傳遞
信息，將它送到指定之處。**那些信息並非出自
他們之手，這與人間信差一樣；不過，他們的
的確確是第一個收信人，而收信的目的只是準
備再傳出去而已。（W-154.6）

可以說，大部分的奇蹟學員，甚至若干奇蹟教師，
所犯最嚴重的毛病，便是未能真正活出《課程》所教導
的仁慈寬恕之道。在《奇蹟課程的訊息》下冊《聆聽者
稀／暫譯》（*Few Choose to Listen*），我談到學員經常

假借「心靈諮詢」或「友誼關係」之名，來掩蓋自己
心內充滿「特殊性和批判」的心態和習性。比如說，有
些人常愛提醒生病或喪親的人「身體和死亡是幻相」，
而且是「抵制真相的防衛措施」，然後奉勸一句：「只
要改變你的心靈就好了。」要知道，這種回應其實連最
基本的慈悲心都沒有，遺憾的是，那些愛唱高調的奇
蹟學員對此卻毫無自覺。這常讓我想起一部早期的電
影《失落的地平線》（*Lost Horizon*），這部片子根據
1933年詹姆斯希爾頓（James Hilton）的精采小說改編
而成。在座各位可能還記得，影片一開始，主角康威遭
人挾持，被帶往喜馬拉雅山一處天堂樂園──「香格里
拉」，當地的居民個個長生不老。年高德劭的喇嘛（該
地的創始人及心靈導師）因準備進入涅槃，乃視康威為
上天指定的繼承人。片中最令人印象深刻的，就是喇嘛
對絲毫無意繼承的康威所講的一席話，他細數了當初開
創這個烏托邦樂土的初衷。這一幕深具啟發性，喇嘛的
預言可說是全劇的高潮，不幸的是，這段預言在電影上
映後的數十年間幾乎一一應驗了：

> 很久很久以前我看到一幕異象：所有的國家
> 都日益壯大，但並非在智慧上有所增長，而

是滿溢世俗的狂熱和毀滅的意向。我看到機
械的性能不斷提升，一個武裝士兵便足以力
敵整支軍隊。我預見有那麼一天，日新月異
的殺戮科技致使萬夫難當，其結果，世界上
每一本書、每一個珍寶，都難逃毀滅的厄
運。這個景象如此逼真，使我決定盡力收集
所有代表文明之美的文物，保存在此，以免
被迫在眉睫的世界末日毀於一旦。

放眼當前的世界，可悲可哀，莫甚於此：如
此瘋狂，如此盲目，領導階層又如此昏憒無
能；人們汲汲營營，相互摧殘，貪欲及暴力
充斥世間每一角落。時候必至……　放縱之
人必然一蹶不振，殘暴及追逐權力之徒也必
會自食其果……。當那天到來，世人必會開
始尋找一種新的生活方式，我們希望人們可
以在這裡找到，因為這裡保存了他們的書籍
和音樂，而且這裡只有一個單純的生活原
則，那就是「仁慈相待」。當那天來臨，
我們希望香格里拉的兄弟之愛能夠傳遍世
界……。是的，當頑強者彼此吞噬殆盡，基

督的倫理終會實現，溫柔之人必將繼承大
地。

　　試想，還有什麼比「仁慈相待」更簡單的原則？然
而，話說回來，又有什麼比「仁慈相待」更難的事？原
因無他，在最初天人分裂的那一刻，我們對上主發出了
不仁之念，分裂後隨之而現的虛擬世界自然便冷酷無
情。畢竟，「觀念離不開它的源頭」，不仁必會孳生不
仁。

　　「小小的願心」──這是耶穌反覆的叮囑，也是聖
靈殷殷期待我們的──不妨將這個意思體會為「仁慈
一點的願心」，更貼切說，就是「願意受教，成為一
個有愛心的人」。天人分裂之始，也就是因著小我的判
斷而落入噩夢之始，我們自私地把「追求一己個體存在
的欲望」看得比其他一切更重要，從此，我們便失去了
愛心，也忘記了「仁慈本質將我創造為仁慈的」之真相
（W-67.2:4）。為此，我們需要求教於耶穌，他是天堂仁
慈的象徵及典範，教導我們如何放下判斷，善待他人和
自己。但願這本小書有助於提醒大家：我們每一個人都
需要學習仁慈待人，因為這才是最上乘的靈修原則。

/　具療癒力量的仁慈本質

　　我想具體談談奇蹟學員面對病患時常見的態度及行為。或許有人認為這個問題無關宏旨，但很遺憾的，我可以向各位確然地說，這是《奇蹟課程》自1976年出版至今三四十年來始終存在的嚴重問題，所以我想從「理論」以及更重要的「實踐」兩方面來探討這個主題。雖然我們談的是面對病患的心態，但由此衍生出的一些原則也適用於其他狀況。比方說，看到他人因喪親而悲慟、陷入束手無策的困境，或僅僅是心情不好，我們都可依照這些原則來回應。

　　很多人都有過這樣的經驗：當我們看到他人因病所苦，為了紓解自己的焦慮，最容易的方法，就是從《課程》搬出一堆道理，好似這本藍皮書可以立即敲醒對方。事實上，每一個人都可能曾經深受此痛，每一個人也都可能一時不察，如此傷害過他人。《課程》原本是要帶給人幫助和療癒的，如今卻變成了「微妙的」（有

時，恐怕是「不妙的」）投射、批判和攻擊的手段。我曾一再提醒，當各位遇到問題、生病或惹上麻煩，想要尋求協助或諮商時，最好把奇蹟學員排成最後的人選，除非那位學員受過良好的訓練，否則他很可能會丟給你一堆《課程》的陳腔濫調，讓你如坐針氈，益發難受。他或許還會跟你說：「你說你的心靈有待療癒是什麼意思？我原本以爲你修得不錯！我還以爲你相信『這個世界是個幻相』呢！來吧，我們一起來禱告或冥想，你才能恢復正念。」

很久以前，葛洛莉和我就講過一則故事，這可是我倆覺得最貼切但也最痛心去舉的例子，很遺憾的，這是眞人眞事。某個奇蹟團體的一位學員罹患了癌症，正在醫院接受治療，而且生命垂危。在她臨終之前，該團體的學員經常前往探病。看得出來大家都很難過，因爲這位資深學員生病了，而且居然是癌症，更糟的是，她已病入膏肓不久人世了。可是，當時大家所展現的，不是一般人對受苦朋友的正常反應，他們引用《奇蹟課程》的話開始說教，然後直白地對她說：「如果妳眞想修練《奇蹟課程》，就該下床跟我們回家。妳難道不知道『生病乃是抵制眞相的防衛措施』？我們今晚有個聚

會，希望妳能參加。」最後一句是我自己加上的，不過這則故事的重點已是呼之欲出了。可想而知的，這位生病的朋友相當受傷，且因此難過了好久。

這個例子說明了，我們多麼容易掉入類似的陷阱。這些奇蹟學員並無意用批判和無情的態度來對待生病的弟兄，他們僅僅錯在沒有意識到自己內心的焦慮，也就是未能觀照自己的內心狀態。一個人若非自己先飽受了罪咎及恐懼的折磨，否則是不會無情或表達不出愛心的，這是不言而喻的事。根據《課程》的說法，我們心中除了愛和恐懼之外，別無他物。我們只有兩種情感：一種是自己營造出來的（恐懼），一種是上天賦予我們的（愛）（T-13.V；T-12.I.9:5~6）。如果你奉耶穌或聖靈為師，你的一切言行都會源自祂們而充滿愛心。反之，你若拜小我為師，表示罪咎及恐懼已經取代了愛，如此一來，你的所言所行必定充滿罪咎及恐懼。倘若你不敢正視罪咎，它就會被壓下，而任何被壓抑之物必會投射出去的。投射出去的罪咎通常會採取「攻擊」的形式——不是用疾病攻擊自己，就是用憤怒攻擊他人；而任何正常的人，不可能笨到把攻擊當作愛心的流露。

其實，這個奇蹟團體的成員真正沮喪的是：怎麼連

這般誠心修練的奇蹟學員，都會生這種病！他們全部的所思所感，不外乎：「這事意味著什麼？我跟她一樣投入，這種事也可能會臨到我頭上……。」顯然，他們擔心的不是那位朋友，而是他們自己。再強調一次，他們的錯誤只是不敢正視自身的焦慮，反而用《課程》來掩蓋內心的不安。所以他們走進醫院病房，不自覺地將源自罪咎的焦慮投射在那可憐的病患身上，他們的表情，他們的眼神，都好似在說：「妳這罪魁禍首，我們需要妳向我們證明《課程》靈驗無比，妳若好好修練奇蹟，就絕對不會生病。我們需要妳為我們作見證，並不是因為我們在乎妳的生死，而是擔心『我們自己』的安危。我們要妳證明：只要修了《奇蹟》就可恢復健康，絕不會一命嗚呼的。」

可以理解，他們的批判行為並非是什麼邪惡的罪行，僅僅是恐懼使然，他們只是毫無自覺而已。為此，我才苦口婆心再三強調：務必對自己的內心狀態保持儆醒。我一向主張「作個正常人」，遇到類似狀況時，試著停下來想想，一般正常人會如何反應？他們一定會仁慈、溫柔地安慰病人，絕不會攻擊他，或讓對方感到內疚。修奇蹟一路以來所學到的觀念，再再讓我們明白，

疾病和身體的症狀無關，而與我們信念中的思想體系有關，也就是我們相信自己早已離開了上主，**這才是真正的病根！**回過頭想想看，躺在病床上受苦的那位女士，肯定已經感受到生命的分裂，因此，在她病危時，最怕的就是前來探望的好友讓她感到更加孤立無援。如果這群朋友當時用正念之心來面對她，一定會了解到，那位女士的病痛顯然源自她的恐懼和罪咎，死亡的恐懼很可能會讓她這樣想：「這是上主對我的報復，我受到了可怕的懲罰；我一定罪孽深重，才無法安享天年。」無論她自己是否清楚意識到，這些想法必會在她心頭隱隱作祟，引發巨大的恐懼。

要知道，一旦你了解疾病的根源是來自心靈決定分裂，就會明白自己早已陷入與那位弟兄相同的病根了。

> 心靈原本不會生病，除非另一顆心靈同意他們是分裂的生命。所以生病必然出自雙方的共同決定。你若不同意，不參與把疾病弄假成真的那類戲碼，不助長另一顆心靈把自己視為與你分裂的個體，它就無法將自己的罪咎投射到身體。如此，你們的心靈便不會用分裂的眼光去看有病的身體。只要與弟兄的心靈結合，便能

預防疾病之因以及具體病症。療癒是心靈結合的必然結果，疾病則是心靈分裂的結果。

（T-28.III.2）

正因如此，耶穌在整部《課程》才會不厭其煩，反覆叮嚀：如果你想獲得療癒，就必須讓自己成為療癒他人的推恩管道；如果你想獲得寬恕，就必須向耶穌求助，請他幫助你寬恕某人。唯有如此，你才能如實體會，自己真的與他人無二無別。簡而言之，與人相處時，要盡可能做到仁慈相待。〈練習手冊〉第六十七課說：「仁慈本質將我創造為仁慈的。」（W-67.2:4）唯因如此，當你的回應方式缺乏愛心時，表示你已經與「上主所創造的你」背道而馳了。

請一起回顧我在「導言」引述那位香格里拉的喇嘛所講的話，然後把《課程》博大精深的形上理論及洞察人類心理的慧見暫擱一邊，你會發現，本課程其實可以濃縮為那位喇嘛說的「單純指標」——仁慈相待。一個人如果沒有慈悲心，不僅修不進「奇蹟」，而且也根本還沒入門。是的，無論我們對《課程》的高深思想了解得多麼透徹，如果無法善待他人，尤其是那些陷於恐懼、痛苦或困境中的人，表示我們根本沒有遵照《課

程》的精神來修。

《課程》可以充分幫助我們了解自己為何會付不出愛心：正因我們相信自己曾經對上主不仁（為了自立門戶而否定祂），必然會認為上主也同樣不會寬待我們。接著，我們趕緊壓下這種駭人的想法，設法將它驅除、投射出去，營造出眼前這個不仁的世界，而後窩在世間某一角落，覺得自己的不仁之舉是情有可原的。請看看，這就是我們失去仁慈的起因。我們若不設法扭轉這種惡性循環，缺乏愛心的態度就永遠不會改變，罪咎也會依然如故。還有，我們需要特別留意一點，千萬別用《課程》慈愛的話語來掩飾批判的攻擊意圖。下一章我會談到「判斷」這個主題，它是導致我們待人無情的背後元凶。

偶爾有人會問我對德蕾莎修女的看法；她的奉獻如此令人讚嘆，但她的靈修理念及神學觀點卻迥異於《奇蹟課程》。在此，我要鄭重釐清，不論她採取那一種神學或道德觀，重要的是，她一生所做的點點滴滴，全都受到耶穌愛的感召，這就是她的靈修基礎。倘若根據《課程》的說法，她的形上理念及神學觀點顯然仍囿於小我思想體系——奠基於身體，視耶穌為唯一的上主之

子，唯有他才能把我們從「眞實的罪惡」中拯救出來。
儘管這個評判觀點並無偏誤，但試問一下，有多少神學
或形上學造詣匪淺的奇蹟學員或教師，可堪與她相提並
論的？

　　容我再說一次，任何人想在奇蹟修練上有所長進，
就得切實練習「仁慈一點」。換一種講法，大部分的時
候，你必須暫時放下那本藍皮書，但絕不是放棄它的
「作者」。人間際遇有諸多的困境，奇蹟的金科玉律經
常無用武之地，你應該把那些說法暫時拋諸腦後，只要
讓耶穌長相左右，你自然會和他一樣的慈愛。

　　重複我在開場白所講的，我相信在座諸位有很多
人，甚至絕大多數的人，尤其接觸《課程》已有一段時
日之人，都曾經用過奇蹟理論去敲別人的頭，或被這類
行爲打得滿頭包。所以在座每一位一定要謹記在心，當
你看到一個人正在受苦、因癌症不久人世，乃至做出違
背良心的惡行，要知道他們的行爲只是出於心中恐懼的
作祟，就跟你心中的恐懼是一樣的。有了這層領悟，你
們的心靈就能結合爲一。基於這個道理，你在學習善待
他人之際，其實是在練習寬待自己，因爲你和弟兄是同
一生命，彼此並無分別。這觀念勢必直搗小我思想體系

的要害，進而瓦解小我，只因「分別心」正是小我的命根子——小我相信「上主和祂的聖子已經分離，且彼此相異」。不幸，我們下意識認同了小我，處處用「差異性」來取代「一體性」，證明自己戰勝了上主。這正是我們之所以缺乏愛心的最初動機，尤其當我們以耶穌或《課程》的名義而待人不仁，追根究柢，就是為了凸顯自己與他人是「不一樣的生命」。

* * * * * * * * *

問：我有一位朋友，她不是奇蹟學員，先生已經過世了。有一次，她問我《奇蹟課程》如何看待死亡，而我的回答讓她生氣了，我想我一定是不夠仁慈。

肯恩：也未必如此。當我們善待他人時，對方不一定就會接受這份善意，重要的是，你最好盡可能憶起當時自己的心境如何，當時的你，有可能不夠仁慈，也有可能充滿慈悲心。既然我們無從評判他人，同樣也不能論斷自己，否則你沒有機會憶起當時內心深處的動機。只要你覺得自己當時相當平安，且不試圖隱藏焦慮、憤怒或恐懼，就不必為此過於操心。

　　有些時候，你明明對一個人很有愛心，對方卻依舊快快不樂，很可能是因為你們之間早已建立某種秘密協定，寧願以怨恨攻擊的方式來維繫你們的特殊關係。例如一段維持了五六十年或更久的婚姻關係，一直是靠雙方潛意識中這類「秘密協定」維繫著，忽然有一天，其中一方變得仁慈，且宣佈「我不再繼續演這個戲碼了」，另一方通常會非常生氣：「你怎麼可以不依照我們約定的方式演出！你應該表現得讓我痛苦厭惡才對啊，這樣我才會覺得自己受到不公的對待。」

　　再說一次，我不知道你當時的動機是什麼，但是對方不高興未必就表示你沒有愛心，我只能說這事值得你誠實地省思一下。不過，當你反觀自己的念頭時，切記要仁慈溫柔些，千萬別為難自己。

　　問：假定有兩個奇蹟學員，其中一位生病了，而另一位經常提醒他「這不過是一場夢」，你如何看待這樣的情形？

　　肯恩：同樣的，要看動機如何。如果你不斷提醒生病的朋友「這個世界是一場夢」，而且「生病乃是抵制真相的防衛措施」，這種時候，你應該往內審視，確定

自己是否出於愛心。想想看，既然你的朋友也是奇蹟學員，理性上他應該早知道這世界是一場夢，而且生病是抵制真相的防衛措施，那麼，這類提醒可能並非愛心或關心之舉，反而像是在傷口灑鹽或落井下石一樣。當然，提醒有時也是慈愛的表現，可能有所幫助，不過大多數情況並非如此。容我再強調一次，你應該常以「作個正常人」為指標。正常的人在面對一位病人，尤其是自己的朋友或親人，必定是充滿愛心的。任何人無需是一位靈修大師，也不用了解二元或非二元的形上理念，他都知道如何以仁慈去關愛生病或受苦的人。

同樣的，當某人正和你一起看電視新聞，他對螢幕上的恐怖攻擊、大屠殺或飢餓畫面感到十分難過，你卻斥責他：「有什麼好難過的？不過是一場夢罷了，況且這是他們自己所選擇的劇本！」這樣的回應可說一點愛心也沒有，很遺憾的，不少奇蹟學員常犯這類毛病。一個人會說出這樣無情的話，必定是受到自己內心的恐懼所驅使。這時，他應該往內看，請求耶穌幫助他面對恐懼。因為恐懼會勾起種種負面的感受，為了迴避那種感受，他必會存心忽視恐懼的存在。

我一再強調，你若不敢正視內心的恐懼和罪咎，它

們會被壓制到潛意識下，也會自動投射出去，那時，你便會忍無可忍地批判和攻擊他人了，這是屢試不爽的事。好比一顆從山頂滾落的巨石，要是我們在起始點就攔住它，自然容易制止，因為它還沒開始加速。但若讓它滾了一段距離，就算還有機會攔住，不僅困難倍增，也萬分危險。同樣的，你的小我一旦發作了，想要懸崖勒馬就百般不易了，因為那時你會自恃高人一等，面對眼前這個落難者，扁他一頓的感覺真是無比痛快。

請牢牢記得，小我的居心永遠是「非你即我，無法兩全」（one or the other）：只要我能證明你是一位差勁的奇蹟學員，那麼我肯定是個優秀的學員，那種感覺真是棒到令人欲罷不能。也因此，衡量自己學習奇蹟進步的指標，就在你能「多快」認出自己的恐懼，而不是假裝自己「沒有」恐懼。蠢蠢欲動的恐懼一旦被你識破，就無法繼續作怪了；你若蒙昧不察，還蓄意將它壓下，它就會在你心底暗暗作祟，直到爆發出來為止。要知道，就在不知不覺當中，你的小我已經一發不可收拾了，結果不是攻擊他人，就是打擊自己。

奇蹟學員還有另一種常見的毛病，就是喜歡搞小圈圈。學員之間對話使用《課程》的專有名詞無可厚非，

每個人都知道「特殊性」和「救贖」是什麼意思，還有何謂「觀看小我」等等。但若跟非奇蹟學員相處也動輒搬出這些詞彙及觀念，讓對方一頭霧水，那就太不厚道了，不但對人無益，也絕非愛心的表現。又例如參加喪禮，你臉上卻掛著笑容四處遊蕩，對著悲慟的親友說：「不要難過，沒有人能夠不經自己的同意就死亡。」（W-152.1:4）請記住，你一旦意識到自己這類無情的反應，就該盡快打住，但也不要因此內疚不已，只要明白你之所以缺乏同理心的原因何在，然後試圖化解背後的肇因即可。原因不外乎是：「我又自作聰明了，在前往殯儀館之前忘了詢問耶穌。」其實，你無需問耶穌你該說什麼話，但一定要請他幫你看清自己的心態才行。

耶穌給海倫的私人訊息中有一段話說到：

切記你一無所缺，且你內擁有無盡的愛之禮物等著給出。你只需親自學會這一功課，你的弟兄並非透過你的言語或你對他的評判而學的，你甚至對他一句話也不用說。上主不會因為你問了「我該對他說什麼」而教你怎麼說的。你該這樣請求：「請幫助我透過真理而非批判的眼光來看待我的弟兄。」就這

樣，上主和眾天使都會欣然答覆你的請求。

（暫別永福 P.381）

總之，每當你前往醫院探病，或是拜訪一位正遭失落之苦的朋友，你無需問耶穌你該說什麼，但務必請他幫助你放下自己的小我。如果你還無法放下小我，至少請他幫助你仁慈一點，或至少提醒自己以「善待他人」為你的學習目標。就算你覺察到自己的小我已如脫韁之馬，只要你意識到自己有個分裂的心靈，正分裂成仁慈與不仁、耶穌和小我、快樂及痛苦，那麼你還是能夠表達一些愛心的。

這樣的誠實反觀，正是關鍵的第一步，雖然還不足以化解小我無情的居心，至少你已經表達了自己願意「作不一樣的選擇」。即便此時你還無法真正仁慈待人，但你的另一部分心靈確實想要慈悲，此後，最起碼你不會再為自己的無情反應找藉口，將它合理化或靈性化了。你只會單純而誠實地承認：「我竟說了這樣的話，顯然不是出自我的正念。我沒有傾聽對方的心聲，沒有溫柔仁慈地對待他，因為我只忙著照顧自己的感覺。」

問：如果沒有經過這樣的自我反觀，就會感到內疚，而且還會遭人抵制，是嗎？

肯恩：絕對是這樣。罪咎感會讓你坐立不安而繼續攻擊下去，這就是所謂「罪咎─攻擊」的循環（小我的日用資糧）。毫無例外的，你愈感到內疚，就愈會將罪咎投射出去，極力證明自己是純潔無罪的一方，更加理直氣壯地攻擊你在對方身上看到的罪。但是你愈攻擊，內疚就愈深，因果循環就這樣沒完沒了持續下去，令你感到回天乏術。我再強調一次，你至少可以對自己、對耶穌或聖靈表達你想要仁慈一點的願心：「我不知如何仁慈一點，但這是我的目標，我希望自己能夠待人慈悲、溫柔、體貼，充滿愛心。」如果你能真心誠意這樣發願，日後就算你又開始論斷他人，或引用《課程》的觀點滔滔不絕時，最起碼，你已不再為自己的言行自圓其說，並且能看出自己實在一點慈悲心也沒有。

問：除了疾病的場合，我們可以在其他境況做類似的反觀嗎？

肯恩：當然可以。我雖只舉身體的疾病為例，但凡面對沮喪的人（包括你自己）或在各種際遇裡，無論起

因是什麼，都可以這樣自我觀照、自我提醒。切記，疾
病不是身體的症狀，它其實是在表達心靈深處的一個信
念：「我與上主分離了，我選擇了個體的存在而放棄了
基督的一體性。」無論我們為了身體、情感、財務或人
際關係的問題而失去內在的平安，究其根源，都是同一
個病，源自同一個分裂的源頭。

　　一位來自紐約的學員曾經分享他的經驗：在九一一
恐怖攻擊事件之後，他和其他學員談到這起事件所帶來
的創傷。他那時不僅必須面對自己的恐懼和壓力，還有
一群驚嚇得抓狂的親友，他們擔心子女在學校的安全，
耽掛在曼哈頓工作的配偶，以及在外地出差無機返回的
朋友。就在他吃力分享完這個經歷後，一位奇蹟學員的
朋友卻一派輕鬆地說：「喔，要是我，就不會把它當
真，我知道這是怎麼一回事：這件事不具任何意義，只
不過是個幻相罷了。」可想而知，這人覺得自己已被評
斷為不及格的奇蹟學員，即使他的朋友沒有如此直言。

　　如果你的心靈已然徹底療癒，不再相信分裂的虛幻
世界，那麼你只會流露出像耶穌一樣仁慈溫柔的愛，你
知道，根本無需宣揚自己明白攻擊和恐懼是個幻相。你
會敏銳地感受到他人的恐懼，而絕非炫耀自己修得比別

人好，凸顯你和他們的不同。當然，大部分的人不可能經由一次療癒經驗就放下分裂的信念，通常人們必須經歷漫長的學習，逐漸不把自己及生活發生的事件當真。雖說如此，仁慈仍是個衡量的指標，表示我們最起碼能夠正視別人的痛苦，試著溫柔地安慰對方，而不是玩什麼靈性把戲，讓自己顯得高人一等。

我再舉一個缺乏愛心的例子，這是在羅斯科舉辦的一場研習所發生的事。晚餐前不久的一堂課，一位學員說了一個奇蹟圈裡令人沉痛的故事：這位學員有心臟方面的疾病，服用藥物之後頗有改善。她忍不住跟自己的奇蹟團體分享這個經驗，竟然一些「朋友」開始攻擊她，責難她採用的是醫藥的怪力亂神那一套，而不是《課程》的療癒與奇蹟，她被指控是個差勁的學員（這正是典型的小我攻擊手法），這令她十分驚訝和傷心。聽完她的敘述，我在課堂上便藉用她這段經歷，重申本書的觀念。那堂課結束之後，她感覺鬆了一大口氣。但在接下來的晚餐時間，她突然含著淚跑來找我，因為在餐廳排隊等候餐點時，「同樣的事又發生了」。有位才剛上完那一堂課的學員，對她作了同樣的指責。雖然古

希臘哲學家赫拉克利特〔譯註〕曾提出「一切如流，萬物皆變」理論，但有些事情恐怕永遠不會改變，至少在我看來是如此。

接下來，我再引述另一個實例，說明我們也常因「沒有善待他人」而自責不已。有一位名叫帕特的學員，她不知如何跟鄰居愛麗斯相處。每當愛麗斯看到帕特出現在她倆都常去的公園，會主動坐到帕特旁邊跟她說話。帕特覺得她們的對話不但無聊透頂，還打擾了她的休閒時光。這令帕特非常困惱，不禁納悶自問，如果她不想和愛麗斯說話，是否仍算是個「好奇蹟學員」？有時帕特會繼續坐著和愛麗斯閒聊，但心裡十分厭煩；有時她乾脆起身離開，心想這樣做應該無啥大礙，但隨即又會為自己的離開感到內疚，嚴厲地斥責自己：「愛麗斯畢竟和我一樣，都是聖子奧體的一部分啊！」帕特想弄清楚的是，如果她留下來，假裝興致盎然地聽愛麗斯講話（即使一點也沒趣），是否就比較有愛心呢？

〔譯註〕赫拉克利特（Heraclitus,B.C.540~480）愛非斯派創始人，他的文章只留下片段，愛用隱喻，致使後世的解釋紛紜。他的論旨強調變化，認為「萬物皆變」，唯一不變的就是變的本身。他著名的格言是：「人不能兩次踏入同一條河流，因為無論是這條河還是這個人，都已經不同了。」

　　我給帕特的答覆仍不出之前所談的兩個基本要點，第一，永遠作個「正常人」；第二，問題永遠不在世間呈現的表相（形式），而在於我們內心究竟是選擇小我或聖靈為師（內涵）。

　　不論喜歡或討厭的事物，每個人都有各自的偏好，包括食物、顏色、個性、音樂、髮型、電影、氣候……等等，這是我們以身體的形式存在所必然會有的現實，無關乎我們的心靈狀態。因此，我們只需承認那是自己的偏好，壓根兒無需嚴重看待。帕特可以單純地承認，自己不想花時間陪愛麗斯，但並不因此討厭或批判愛麗斯，更不要把這個處境看成是天大的心靈考驗，認為自己「沒有過關」。帕特大可不必用「我應該能和任何人相處，談論任何話題」來折磨自己。其實，仁慈溫柔之道，僅僅是承認：「這是我心目中的自己。我喜歡某種食物，欣賞某類型的電影，寧可和某人在一起。」在此心態下，帕特便可以心安理得坐到別地方，或是回自己的住處。然而，她的心卻不平安，這表示她選擇了小我而不是以聖靈為師。也因此，她沒有留下來陪愛麗斯成了一種罪，讓她感到罪孽深重（這通常是選擇了小我的信號）。這正是帕特所犯的錯誤，問題並不在於她想不

想陪愛麗斯，而是她選擇了小我爲師。

我們既已投胎爲一具身體，活在人間，就表示我們選擇了小我「非你即我，無法兩全」的思想體系。只要明白這點，帕特不妨這樣理解自己的心態：「如果連上主我都不想和祂在一起，又爲何非要陪伴這個女人不可？」換句話說，帕特認爲「自己與上主分裂」，跟她認爲「自己與愛麗斯分裂」原本是同一回事。我們對他人的評判，等同於對上主的評判，都是最初那「小小瘋狂一念」所投射的殘影罷了，這正呼應了奇蹟原則第一條「奇蹟沒有難易之分」（T-1.I.1:1）；此一原則化解了小我的第一條亂世法則「幻相有層次之分」（T-23.II.2:3）。如果當時帕特與耶穌結合，不與小我爲伍，就不會因爲排除了愛麗斯而批判自己，也不會爲自己排除愛麗斯而找藉口。終有一天她會恍然大悟，視愛麗斯爲自己之外的另一生命，適足以阻礙她體驗自己內在的聖愛與平安。反之，她若仁慈對待自己，就會寬恕自己無法完美地去愛所有人，謙虛地接納自己的限度，同時也不會因著這些限度而攻擊自己。耶穌不在乎「形式」，他不介意你究竟有沒有花時間陪誰，他重視的是「內涵」，是你當時的心態，也就是在你心中你是否排斥他

人，包括耶穌。

　　我在前面說過，「我們認爲自己能夠正確地評判自身和他人」這種想法，正是我們無情態度的幕後元凶。在下一章，我將直接引用《奇蹟課程》，點出在背後慫恿或操控我們行爲的妄念，同時也要深入探討混淆了「形式與內涵」的後遺症。

2 不仁慈的根本原因：判斷與分別

「如何才能放下判斷？」

　　許多奇蹟學員經常習焉不察，動輒以《課程》之名論斷他人。有人生病了，他們就會推斷：這一定是他的內疚造成的，我們一直為他祈禱，但病情始終未好轉，可見他罪孽深重！仔細想想吧，他們當中有誰真正了知，在更大的救贖藍圖下，那個人的病症可能產生如何的影響？他們的答案完全是基於眼睛所看到的「形式」，而對病人的「心靈狀態」根本一無所知。在此，我要鄭重提醒大家，這樣做，只是以「好學員」的外表來掩飾內心「批判」的意圖罷了。

　　現在，我要來談談〈教師指南〉「如何才能放下判斷」這一則（M-10），它把「我們根本無從判斷」的原因交代得再透徹不過了。耶穌在整部課程不只一次提到

「我們無法判斷」的觀念，而這一則的解釋堪稱最爲詳
盡，也最爲精闢——我們無法判斷或了解任何事物。每
一位自恃爲高人一等的奇蹟學員，請注意，當我們僅憑
著一些表面現象和片面資訊來論斷他人，任意評置弟兄
在救贖道上的覺醒程度，不妨好好深思以下這段話：

> 本課程的目標與世俗的訓練大異其趣，它要我
> 們認清自己是作不出世人所謂的判斷的。
>
> （M-10.3:1）

耶穌在這裡所說的「判斷」，並非單指評判之下顯
而易見的「定罪」那個含意，它還包含了一般性的「判
斷」，亦即了解一事一物的能力，例如評判一個人修行
到什麼程度之類的能力。

> 這不是一種說法而已，而是事實。若要正確地
> 判斷一事一物，他必須對它的過去、現在及未
> 來述之不盡的相關背景一清二楚才行。他還需
> 要事先認清自己的判斷對所涉及的人或物可能
> 產生的任何影響。他必須確定自己的觀點沒有
> 任何偏曲，對每一個人所下的判斷，不論目前
> 看來或未來回顧時，必然全然徹底的公正。有

誰敢作此保證？除了有自大妄想症的人以外，
有誰敢出此狂言？（M-10.3:2~7）

看吧，這些話說得多麼清楚，無需更多的解釋。我
們繼續讀下去吧，它愈說愈犀利了：

只要記得，有多少次你認為自己知道所有的
「事實」，胸有成竹地作了判斷，結果卻錯得
離譜！（M-10.4:1）

一個人只需稍微誠實反省一下，就會明白此言不
虛。

有誰沒有這種經驗？又有多少次你自以為是對
的，其實是錯的，卻毫不自覺？（M-10.4:2~3）

不提那些「你自知判斷錯誤」的經驗，想想你其他
的判斷吧！

你為何選擇這種武斷作為你決定的憑據？智慧
不是判斷，而是放下判斷。（M-10.4:4~5）

大哉此言，「放下判斷」，這正是《課程》的主旨
所在；整部課程的目標就是要我們放下判斷，因「這是
聆聽上主天音的先決條件」：

世俗要訓練人信賴自己的判斷，甚至以此作
爲衡量個人堅強與成熟度的標準。我們的課
程卻把放下判斷當作得救的先決條件。（M-
9.2:6~7）

耶穌在〈正文〉第三章說到「不評判的賞報」：

你若不以評判的心態對待自己及你的弟兄，那
種如釋重負的平安絕對超乎你的想像。（T-3.
VI.3:1）

當我們忍不住想要評判他人（包括攻擊對方、挑人
毛病、自以爲了解他人的修行程度，或某人的病症代表
了什麼含意），此時，最好複習下面這兩段話：

那麼，重新作個判斷吧！就是：只有與你同在
的「那一位」的判斷才是完美無缺的。祂知道
現在、過去及未來的一切事實眞相。祂也知道
祂的判斷對每一人或每一物可能產生的影響。
而且祂對每一個人都是徹底公正的，因爲祂的
觀點沒有任何偏曲。（M-10.4:6~10）
因此，放下判斷吧，你會了無遺憾的，只是充
滿感激的一聲輕嘆。如今總算擺脫那壓得你寸

步難行的沉重負擔。那純是一種幻覺。僅此而
已。如今，上主之師終於可以如釋重負，挺起
身子踏著輕盈的腳步前進。（M-10.5:1~5）

正如我前面所說，疾病本身即是一種判斷，因為在
天人分裂之初，我們就作了這個判斷：「我知道什麼
對自己最好，上主並不知道，只有我最清楚。我若自
立門戶會更加幸福，能逍遙於天堂之外，享有自主和自
由。」這是徹底瘋狂的念頭，從此之後，我們所作的一
切判斷，都是源自這個神智不清之念；由這個原始判斷
所衍生的一切，也都一樣神智不清了。其實，知見的形
成，本身就是一種判斷：

知見藉著分別取捨而造出了你眼前的世界。此
言不虛，它確實是根據心靈的指示挑選出自己
想要的世界的。……你的所知所見不過代表了
你的選擇，與事實真相無關。（T-21.V.1:1~2,7）

具體來說，如果我們要看見某樣東西，就必須借助
其他東西的對比，譬如主體與背景的關係，背景是一
種襯托，主體才是目光的焦點。缺少了這樣的對比，
我們就無法看見任何東西。我們會從整個感官覺知的範

圍內，挑出我們所要看或所要聽的部分，自動過濾掉不相干的事物。舉例而言，在這個屋內正在看著我、聽我說話的人，對其他事物便會聽若罔聞，視若無睹。相反的，如果這個屋子有某個人不是奇蹟學員，是一位室內設計師，他則只會注意牆壁的顏色、屋子的形狀和整體的格調，我講課的聲音就成了背景。進一步說，只要是人，我們隨時隨地都在感知某些東西，否則便無法發揮身體的作用，因此，我們也都一直在區分「重要」和「不重要」，這就是一種「判斷」。

可以說，整個物質宇宙就是由分裂和判斷所構成的，一切都源自我們最初還是「唯一聖子」時所作的判斷——「個體的存在勝過天堂的一體性」。這個判斷和選擇顯然是錯誤的，隨之所衍生的一切，自然就失之千里，愈形扭曲了。

「那麼，重新作個判斷吧」，這個重新作的判斷，是我們唯一「應該」作的判斷，也就是：我們犯了一個錯誤，而我們內的「那一位」會幫助我們。當我面對生病的朋友，聖靈要告訴我的，不是那位朋友的病情；祂要跟我說的是關於「我自己」的事，讓我明白，如果我為病患擔心，或者妄自判斷，純粹是因為我沒有注意到

自己「先天的病」。因此，我的「導師」（也是我的「治療師」）會提醒我關注自己的病，且讓我明白，如果我與祂結合，就不會再生病。既然祂是超越判斷的，只要我與祂結合，自然也會超越判斷。朋友的身體狀況不會干擾我內在的平安和愛，因為我知道自己和他已結合於聖靈中。在這當下，不論我說什麼或做什麼，都會充滿愛心，只因這是發自內心的慈愛正念。

因此，在你發言或行動，判斷或思考任何事物之前，應先確定「自己」不在「病」中。容我再說一次，疾病就是判斷，和身體的症狀無關。所以，當你下判斷時，必須非常小心，要看出自己正受他人的狀況所影響。換句話說，那一刻的「你」才是病人。這個病徵才是你應該自我觀照和質疑的，但是切記，千萬別懷著罪咎感而為。這種判斷方式不過是說：「我犯了一個錯誤，但是在我內的『那一位』，正以不同的眼光看待我，祂能幫助我用不同的眼光來看待這個病患。」祂的幫助，與其說是教你用不同的眼光來看待他人，不如說是讓你看清「自己」的身心反應。聖靈會幫你了解，你在他人身上所看到的，正是你不想看到自己的那一面。如果你因為某人的病情、問題或處境而焦慮、恐懼、沮

喪、內疚，表示你內心必有尚未療癒的地方是你以前不知道的，現在這部分浮上了檯面，自會尋找合適的受害者作爲你投射的對象。此時，你務必停止任何造作，進入心內，接受療癒。你獲得療癒的方式，也是我再三重複的，就是請求耶穌或聖靈幫你看清，究竟是什麼原因導致你生病的？最後都會追出同一個肇因：你想要證明自己是對的，想要自己當家作主。

耶穌在《奇蹟課程》屢次提到感恩之心，他特別強調：應該感謝曾讓我們痛苦不堪的遭遇，沒有那些經歷，我們無從知道自己內心還有尚未療癒的地方。同理，如果你爲他人的遭遇而煩惱，經由耶穌的教導，你明白了，這個人其實成了你投射罪咎的螢幕，因你不想在自己內心看到這些問題，所以將它投射出去，也因此，我們才會在他人身上看到。這就是我們投射罪咎時暗藏的念頭：

> 它（世界）是你心境的見證，也是描述你內心狀態的外在表相。（T-21.in.1:5）
> 它（知見）只是賦予你的願望一個有形圖像或具體形相，使你的夢想儼然如眞。（T-24.VII.8:10）

你的人際關係所帶給你的禮物，就是揭露你多麼希望看到「弟兄真的有罪」那種念頭。為此，耶穌才會說「弟兄是人間救主」，不是因為弟兄的言行可以救你，而是你與他的互動能夠促使你不得不正視自己過去從未面對的死角。

* * * * * * * * *

問：如果我已經放下對他人的種種評判，也感到平安一些了，但下一刻我又落回小我的思想體系，那時，所有的謀害念頭是否又會捲土重來？

肯恩：正是如此。小我的思想體系是「百分之百」的，意思是，它不會削弱自己的勢力。小我是徹頭徹尾的憎恨和謀害，因此，如果你落回小我的思想體系，等於落入憎恨及謀害之念。雖然沒有一套客觀的標準足以評量你修練奇蹟的進步程度，但你可以體驗到自己的改變，也就是說，你與小我沆瀣一氣的時間會縮短，而與聖靈同在的時間會相對增長。一旦落入小我的妄念，你就會顯現小我的一切特徵；而當你和耶穌結合之際，心中自然只有愛，別無他物。這一轉變，全看你決定在神

智不清之境逗留多久，可能一天當中從二十三個小時神智不清，減少到二十二個小時又四十五分鐘。當然，這是無可量化的，我只是開玩笑而已，不過，我們花在恨或愛的時間真的會因之改變。

倘若你已經放下對某人的憎恨，把他當成人生的道友，而且感到和自己沒有分別，但一轉眼，你又忽然害怕而落回了小我之念，說不定你們還發生了爭執。縱然如此，你已經不一樣了——你知道自己不過是因為害怕而已。現在的你已非昔日阿蒙，你的攻擊不再像以往那樣強烈，攻擊的次數與時間也不如以前那樣頻繁和持久。要知道，在這當中，你一旦與小我認同，你就是百分之百的小我，變得惡毒、卑劣而可憎。小我的本質永遠不會改變，改變的是你對小我的信念不再像以往那樣堅定。它好像失去了某些的魅力，只因你內心有一部分很清楚，這一切全是你自己想像出來的。

問：我們自己生病時，也同樣可以應用這些方法和觀念嗎？

肯恩：絕對可以。實際上，這正是你實地操練的最佳時機。奇蹟學員生病時，典型的反應就是開始分析自

己的罪咎，如此一來，就已經落入判斷了。耶穌在〈正文〉第十八章所說的話，你應該不陌生才是：

> 你寧可相信自己的了解具有左右真理的力量，
>
> 真理全靠你的了解才可能成真。（T-18.IV.7:5）

耶穌根本不認為我們有能力了解真相，所以，別試圖「自我解讀」你為何會生病，或究竟是怎麼一回事。你只需明白，任何發生在你的身體或人生的事，全都是來自一個病根，亦即「你相信自立門戶才會更幸福」，那才是你應該當心的，因為耶穌的教誨正是針對這一點。你一旦了解自己會生病是因為你推開耶穌的愛，那麼獲得療癒的途徑，自然就是邀請他再回到你心中，就這麼簡單。無論你在評判自己或他人，都是患了同樣的病。為此，耶穌再三提醒，這是一部簡單的課程，一切問題不管是以何種形式出現，其實都是同一個問題，所以解決之道也只有一個。是的，不管任何狀況，任何際遇，這個方法都能幫助我們正確地看待自己和他人。

療癒即是「化解分裂」

　　接下來，我想引用的幾句話，係摘自〈心理治療〉標題爲「療癒的定義」那一節；那篇文章，我在「心理治療研習」曾要求學員事先閱讀。其中，有一點特別值得注意，該篇所說的「療癒」，對象並非病患。耶穌要重申的是：心理治療的最終目標，不過是了解「不寬恕」是唯一的問題，因此也唯有「寬恕」才有眞正的療癒之效。他同時也答覆了「如何達到這個目標」，也就是如何學習他的課程，以及如何才能完成《課程》的目標。可以說，耶穌用意所在，乃是叮囑所有治療師（其實是指所有的人），如何完成寬恕的最終目標：

> 治療師必須先在病患身上看到自己內在的不寬恕，給自己一個勇於面對、重新評估，然後寬恕自己的機會。（P-2.VI.6:3）

　　正是如此，這就是我們之所以透過心理治療、人際關係，以及上主之師而獲得療癒的道理。請注意，耶穌的這句「治療師在病患身上看到自己內在的不寬恕」，重點完全不在病患，而是治療師。當然，這意味著治療

師已向耶穌求助，藉此機會，再次正視他隱藏在內心深處的問題，因爲現在他已能從別人身上看到這點了。

因此，如果你爲病患感到沮喪或厭倦，或是擔憂那些罹患癌症或愛滋病而生命垂危的朋友，甚至爲了一個僅僅撞傷腳趾頭的人而操心，這都是對你的一種警示：你內在仍有尚未療癒的部分，此刻正是你重新評估它的機會，進而重新審視、重新建立自己的價值觀。唯有透過耶穌的幫助來看待這尚未療癒的部分，我們才可能寬恕自己。耶穌所談的都是「治療師」本人的療癒，完全沒有談到評估病患的問題，因那只會讓病患更加感到罪孽深重。實際上，整篇〈心理治療〉都不離這個核心，因爲治療師的心靈一旦療癒了，他就能夠讓眞正的治療師（聖靈）透過他而療癒病患。

治療師的角色，並不在於高明的診斷；同樣的，你的責任也不在於一眼看穿「爲何那個人會生病或無法痊癒」。你的任務只是覺察：你對他人的擔心掛慮，其實是自己內在尚未療癒部分的投射。一旦明白了問題之所在，你向耶穌的求助才有意義。此刻，你不是求他幫你用不一樣的眼光來看待病人，或幫你說出慈愛的話語，而是請他幫助你「寬恕你自己」。若能如此，你所說的

每一句話就自然會洋溢著仁慈與愛。

為了讓大家更明白這個道理，我舉幾年前一對從事心理治療的夫婦為例。大衛和安妮任職於一家精神科醫院，一次，他們參加了我的一場研習，主題是「療癒尚未療癒的治療師」。當時，他們向我請教如何面對醫院的行政人員，他們認為行政人員對待病患的方式簡直太離譜了，他們必須挺身而出，協助醫院糾正這個錯誤。

眾所周知，行政部門的目標通常在賺錢而不是助人，這其實不足為奇。以這個目標為前提，自然會衍生一些心照不宣的作法，比如說，只要病人的保險給付還沒用罄，就不妨拖長他們的住院時間。這種幫醫院賺錢的手法可說司空見慣，當然，就外在看來（形式層面），這種作法的確不足為訓，因為一點也不為病人著想。同樣的，表面觀之，大衛和安妮顯然有助人之心，因為他們確實關切病患的利益。然而，他們的辯詞有一個嚴重的瑕疵，這是我接下來要探討的重點。

固然，在表面（形式）上，他們像是在做正確的事（助人），但在表相之下，卻隱然暗藏玄機。說穿了，他們其實想藉機痛宰行政部門！這樣說，好像有點誇

張，但在內涵上就是這意思，既使表面上沒說出來。在此我要鄭重一提，這正是尚未療癒的治療師之警訊：相信「形式」比一切都重要。大衛和安妮的錯誤，是忘了他們在醫院工作的任務並非療癒交給他們的病患，而是療癒行政部門，他們根本就搞錯了方向。從內涵的層面來說，療癒就是合一。大衛和安妮認定他們的職責是要「與病患結合」，而骨子裡視病患為可憐的受害者，亟需他們的援手——看哪，這些病患不僅為疾病所苦，還慘遭醫院行政人員的剝削。於是，大衛和安妮，以及其他關心病患的人自視為「善類」；相形之下，那些行政人員則成了十惡不赦的「敗類」。

　　大衛和安妮忘記了（其實我們全都忘記了），此生的目的就是合一，但這個合一絕非形式層面的合一，而是在內涵的層次。意思是，我們不可能一邊跟這個人或這個團體結合，一邊卻與那個人或那個團體對抗。表面看起來，「與一方結合來對抗另一方」彷彿可以達到某種療癒之效，實際上卻與療癒的本意背道而馳。這就是〈頌禱〉所提到的「分裂取向的療癒」（S-3.III.2:1）：我是治療師，我有你所沒有的；你在我眼中只是另一個人，而我正試著幫助你。這樣的心態發展下去，治療

師最終必會相信自己是神，全權決定何時何地做什麼治療，儘管他們有足夠的能力及專業知識，卻忘記了另一事實：

> 上主對分裂或對立心態一無所知。祂只知道一件事，就是：祂只有一個聖子。（P-2.VII. 1:11~12）

大衛和安妮所面對的每一方，都是上主唯一聖子的一部分，包括行政部門、員工及病患。排除任何一方等於排除全部，因為上主之子無法分割，他永遠是上主原來所創造的樣子。

大衛和安妮原本想藉由與病患一方合一來進行療癒，但是他們一旦懷著批判的心態與行政部門分裂，便無法達到療癒的目的。在他們的心目中，「聖子奧體」已分裂成好的一方與壞的一方。他們之所以會如此，是因為掉入了「誤把形式當內涵」的陷阱，這也是我們常犯的錯誤。他們認為自己的責任就是發揮專業訓練來治療病患，如同世間一般的付費情況，而這絕不是耶穌「指派」給他們的任務，耶穌要他們療癒的是「自己的分裂信念」。請記得，如果你真以「療癒自己」作為人

生唯一的目的及任務，卻陷入與人對立的紛爭，不但與他人意見相左，而且自己的觀點儼然變成世上最重要的事，表示你已步上對立與分裂的歧途。換句話說，你的作為完全違背了自己的初衷；你不但無法成為療癒他人的管道，更錯失了療癒自己的機會。

　　不論你是收費的心理治療師，或只是義務性幫助人，都務必遵守這個原則，並且運用於各種狀況。切記，當你自行訂立首要之務時（這通常意味著你比別人懂得更多），即是「你正聽命於小我」的明顯訊號，在那一刻，你會覺得自己某方面比別人強。比如說，有人跟你說二加二等於五，你會回答：「不對，不對，二加二等於四。」雖然你心裡很清楚的「知道」，二加二當然等於四，而你同時也不會認為這是什麼大不了的事。重點就在這裡，如我一再強調的，《課程》不是教我們否認差異的存在，而是教我們不要把差異當成什麼大問題。

　　毫無疑問的，大衛和安妮一定會找到無數志同道合之士認同他們的觀點，認為在病患可以出院時就該安排他們回家，那才是愛心的表現，而不應以醫療保險作為考量的因素。但究竟而言，大衛和安妮錯了，只因他們

的作法是和行政部門分裂。耶穌在「修正錯誤」這個章節中提到：上主之子從未有錯，雖然他的小我可能會犯錯，但我們的功課仍是告訴他，他是對的（T-9.III.2）。當然，這絕不是指「形式」的層面。如果一個三年級的學童說「二加二等於五」，你跟他說他是對的，這於他毫無益處，只會為他帶來世間正常生活的困擾。但我們可以告訴他二加二等於四，卻不否定他「這個人」，也就是說，你不必攻擊他。這一點至為重要，在我們糾正他人錯誤之前，要先確定自己的心靈和對方的心靈確實處在合一的狀態之下。

大衛和安妮真正的任務，是先和行政部門合一，否則他們無法幫助任何人，只會不斷分裂而已。問題不在大衛和安妮的「行為」（形式層次），而是他們的內心（內涵層次），他們不應懷著責難之心，站在其中一邊來抵制另一邊。切記，但凡來到世間之人，本身就是一個錯誤。因此，你若「支持某一方」，等於在說「這一群人比那一群人錯得更離譜」，表示你相信「幻相有層次之分」，這樣便錯上加錯了。我們都犯了同樣的錯誤，但我們也一樣都是對的。

進而言之，每當你覺察到自己開始挑釁，甚至造成

對立局面時，你該明白，你其實正自絕於上主之愛。這時，不妨捫心自問：這真的是自己想要的嗎？答案再明顯不過了。如果你真心想與上主的聖愛合一，真心想感受祂安詳的臨在，唯一可行之計，就是與你心目中的冤家結合。要知道，你一旦拒絕他，就是拒絕上主，而這絕不是你真心想要的。能有這番領悟，你就很難氣得理直氣壯了。

扭轉的關鍵，在於你必須全面重新思考你「此生的目的」。無論你在醫院服務，在通用汽車公司上班，或面臨任何不公義的際遇，全都一樣，必須徹底重新思考、重新體驗、重新建構你此生的目的 —— **你在這裡僅僅是為了化解自己心中的分裂之念，放下自己的判斷，至於你會以什麼形式來呈現並不重要。**如果你真想幫助他人，就必須具備合一的心懷，不與人對立。〈正文〉的這句話：「不要信任自己的善意。僅憑善意是不夠的。」（T-18.IV.2:1~2）可說是上述觀念最好的註腳。

3 作一位仁慈的教師

　　現在，我們來談談〈教師指南〉「上主之師的任務」那一段文章，此文清楚點出資深的上主之師真正的任務所在。這裡所謂「資深的上主之師」，是指在救贖之道上修持有成的人，能像耶穌一樣，在人間示現得救的境界。耶穌為了提醒我們必須認清「疾病並非發生在身體的層面，而是心靈的層次」，特別在這一段的前面兩小節如是提問：

　　如果病患必須改變自己的心念才能獲得療癒的話，那麼上主之師還能作什麼？（M-5.㈢.1:1）

　　為了配合本書的主旨，我們不妨將上主之師暫定為「任何一位面對生病、沮喪，或身陷困境者之人」。

　　他能替病患改變心念嗎？當然不能。（M-5.㈢.1:2~3）

　　你看，說得多麼斬釘截鐵！我們的任務，既不是在

於讓人們相信「疾病是抵制真相的防衛措施」，也不是改變他們的心念、讓他們了解世界是一場夢，而他們自己是作夢之人，夢到生病、憤怒和死亡。

> 對於那些已經願意改變心念的人，上主之師的唯一任務便是與他們一起歡樂慶祝，因為他們已和他一起躋身於上主之師的行列了。然而，對於那些尚不明瞭治癒真諦的人，他們的任務就變得相當具體了。這些病患不會明白，其實是自己選擇了疾病。相反的，他們堅信是疾病找上門來的。他們的心靈依舊封閉於此一觀念裡。身體告訴他們該怎麼作，他們只能言聽計從。他們毫不自覺這種思維的瘋狂愚昧。只要他們能對這一思維稍起一點疑心，就有療癒的希望了。然而，他們如此堅信不疑。分裂之境對他們來講實在太真實了。（M-5.(三).1:4~13）

我們都十分熟悉《課程》的諸多觀點，例如「我絕不是為了我所認定的理由而煩惱」（W-5），然而，耶穌要我們注意，千萬別動輒引用這些觀點來改變他人的心念，更不要試圖說服對方，甚至宣稱《課程》比他們依循的任何靈修途徑還要好。即便對方是奇蹟學員，我們

也不宜隨意提醒他們可能忘記的道理。下面這段話才是
我們真正的目標：

> 上主的教師就是為這一類人（病患）而來的，
> 他們代表了這些人早已遺忘的另一種可能性。
> （M-5.(三).2:1）

你唯一的任務只是提醒對方，他們也可以作出跟你
一樣的選擇，但請注意，切忌僅僅透過言語來表達，而
是要經由你活生生的示範，讓對方充分感受到愛與平
安。

> 上主之師的臨在本身只是一種提示而已。他的
> 思維方式等於向病患信以為真的想法提出一種
> 反問的權利。（M-5.(三).2:2~3）

如同病入膏肓的患者（我們每一個人都不例外），
早已將小我的思想體系奉為顛撲不破的真理；對我們而
言，「個體生命」不僅極具價值，而且是一個擺在眼前
的事實。隨著個體性衍生出的罪、咎、懼，以及個人和
集體的世界，在我們心目中莫不真實無比，因為我們早
已忘記自己是從哪裡來的，只知道此刻的我就是這一具
身體，背負著永無止盡的難題，卻從不質疑自己的存在

基礎，也就是「世界是否是真實的」這一前提。

當你面對一位心靈已然療癒的人，他的臨在就等於告訴你（未必用言語表達）：「你可以跟我作同樣的選擇，因為我們的心靈原是一個。」這一點非常重要，絕大部分情況下，無需透過言語，真正在教的是「愛的臨在」，因它超越了小我的思想體系，它憑藉的並非言語，而是你心中究竟尊誰為師。你是透過心內那位「聖者」而教的，至於你教「什麼」並不重要。即便你傳授《奇蹟課程》，每個形上學觀點都合乎正見，但你心中若沒有愛，你所教的就不是《奇蹟課程》。因此，在給人言教之前，最好先確認一下，真的是你內在的「導師」透過你來教的。正如耶穌在〈教師指南〉開宗明義說的，每個人時時刻刻都在教學（M-in.1~2），而我們所教的內容，若非源自小我，就是聖靈。反之，我們一旦缺乏愛心，也就是妄下判斷，或企圖改變他人的心念，就表示我們的作為根本是出自小我。小我其實很喜歡「改變」，最初它就是用這方法把我們騙到世間的。但也正因如此，「改變」同時會引發莫大的罪咎和焦慮，當初就是因為改變（分裂），我們才落入人間。就這樣，小我讓我們既想改變又害怕改變，但無論如何，它

絕不讓我們改變的，就是被我們牢牢護守的心念。

> 大部分的人都會小心護守著自己的理念，企圖
> 保護原有的思想體系；然而，學習意味著改
> 變。改變，對分裂中的人而言是非常可怕的
> 事，因爲他們無法想像那一步能夠療癒自己的
> 分裂生命。他們通常會認爲那一步只會加深原
> 有的分裂，因爲他們的第一個改變經驗就是分
> 裂。你竊自相信，只要不讓任何改變來打擾小
> 我，你就會平安無事。（T-4.I.2:1~4）

> 上主的教師們，不只是傳遞訊息的使者，他們
> 成了救恩的一個象徵。他們請求病患因他自己
> 的聖名之故而寬恕上主之子。他們代表另一種
> 神聖的選擇。（M-5.(三).2:4~6）

所謂「另一種神聖的選擇」，即是聖靈，祂代表抽
象、無形可見的「愛的臨在」，也象徵著救贖，亦即我
們心靈中對上主的記憶。耶穌說過，救贖的原則遠在它
啓動之前便已存在，但它需要一位啓動者，耶穌便成了
這項救贖計畫的領袖（T-2.II.4:2~5；C-6.2:4）。不過，這
類描述只是一種比喻，因爲非具體的上主怎會需要「具

體的領袖」來完成「具體的計畫」？只因我們相信自己
是具體的生命（身體），才需要具體之物爲我們象徵出
心靈層次的抽象之愛。所謂以耶穌爲領袖及導師的「具
體救贖計畫」，不過是針對小我「分裂、罪咎和攻擊」
這一具體事實的反面修正而已：

> 心靈的本來境界，是徹底抽象的。如今，它有
> 一部分已經違背了自己的本性。不再視萬物爲
> 一體。它只能看見整體中支離破碎的片段，爲
> 此，它才可能打造出你眼前這個支離破碎的世
> 界。它的「看」，不過是讓你看到自己想要看
> 的東西而已。它的「聽」，也只是讓你的心聽
> 到它想要聽到的聲音罷了。

> 形相世界就是爲此目的而造出來的。爲此，
> **我們的練習必須藉助於這些具體之物**。（W-
> 161.2:1~3:2）

耶穌以及他所傳授的課程，正是那「抽象的愛」的
具體表達。由於他是聖靈的化身，故也要求我們成爲
耶穌在世的化身（C-6.1:1，5:1~4），也因此，《課程》
從頭到尾不斷期許我們具體示範出抽象的愛。諸位應該

記得前面導言那句感人的話:「請勿向人宣揚我無謂的
死亡。而應教他們看出我並沒有死,我正活在你內。」
(T-11.VI.7:3)由此可知,「復活的眞諦」與耶穌的肉體
一點關係也沒有。所謂復活,純粹發生在心靈層面;當
我們由死亡的夢中覺醒,就代表耶穌並沒有死。事實
上,沒有人會死,因爲沒有人眞的活過,夢中豈有生命
可言?

耶穌反覆叮嚀我們,傳揚他復活的生命,但並非宣
講他的道理或精通《課程》的形上理論,而是證明他活
在我們心中。箇中的意涵,乃意味著我們一切的言行舉
止全都受他的愛所啓發與引導,讓他的愛透過我們而發
光發熱,這才是教導《課程》的唯一之道。換言之,如
果你不仁慈待人,等於是告訴對方耶穌已經死了。就算
他還活著,也不會活在你心中;如果他沒有活在你心
中,也不可能活在任何人心中,只因我們是同一個生
命。

你以仁慈來教人,其效果遠遠勝過光憑「精通小我
錯綜複雜的思想體系」之教學方式。仁慈才是療癒的靈
丹。切記,疾病是心靈分裂所致,跟身體無關。千萬別
根據他人的身體狀況來判斷他的心境,因爲你無從得知

那人特定的身體狀況在他整個救贖計畫所扮演的角色。
正如前一章所言，唯有超越時空的「那一位」，才可能
知道全盤的計畫，也唯獨是祂，才看得見世事的所有前
因後果，了知整個「全像宇宙」。這種全知的大能，世
間沒有一個人具備。也因此，每當你依據他人的身體狀
況、他做什麼說什麼，或沒做什麼沒說什麼來評價這個
人時，你就成了真正的病人。切記，「疾病不是發生在
身體的層面」，活在分裂信念下的心靈才是病根所在；
心靈不僅相信判斷，還堅信自己的判斷正確無誤。以下
這段話，足夠讓我們時刻儆醒：

> 你若只明白身體是可以療癒的，奇蹟便發揮不
> 了真正的作用，因為這不是它要教你的功課。
> 它要你明白，心靈必然已經生病了，才會認為
> 身體可能生病，因為是心靈把那既無因又無果
> 的罪咎投射到身體上的。（T-28.II.11:6~7）

準此而言，倘若我們否定一個人的生理狀況或任何
心理問題，等於否定了能夠讓他改變的唯一希望，也就
是心靈的力量。因為罹病的身體能為生病的心靈開啓一
扇窗，給心靈另一個選擇的機會；而你的愛心適足以幫
助心靈作此選擇，評判的心態則恰恰好扼殺了這一轉

機，這是顯而易見的道理。

徹底了解耶穌教誨的真正意涵，至關緊要。他不僅告訴我們，不應妄自判斷，他還讓我們體會到，我們根本無從判斷，只因我們根本沒有合理判斷的依據。不僅如此，他更期許我們活出內在的愛與平安，成為「另一種神聖的選擇」的象徵。如果我們心中有愛，他人自會從我們身上感受到，不管他們願不願意接受這份愛；至於他們會在「何時」接受，則全然操之於他們自己，無庸我們擔心掛意。這讓我想起耶穌在〈正文〉第五章說過一段感人的話：

> 我為你保存了你所有的善良以及每一個慈心善念。我會為你淨化所有令它們蒙塵的過失，為你保存它們原有的無瑕光輝。沒有一物能夠摧毀得了它們，連罪咎都難以得逞。它們全都出自你內的聖靈，而且我們也知道，凡是上主所創造的必然永恆長存。（T-5.IV.8:3~6）

唯有我們的愛心才能讓對方感受到「還有另一條出路，你內還有另一個選擇」，而只要我們自己接受了「另一個選擇」，我們的所言所行就自然會流露此愛。

這是真的，不論我引用《奇蹟課程》，還是電話簿，都毫無差別，真正的關鍵在於內涵，而非形式，正如下面這段耶穌的話：

> 他們心中懷著上主聖言的祝福前來，不是為了治癒有病之人，只是提醒他們上主早已賜給他們的藥方。（M-5.㈢.2:7）

在整部課程裡，「上主的聖言」幾乎都不離救贖、寬恕或聖靈，它們全是「修正小我思想體系」的方案。當我們在神聖一刻與耶穌結合時，我們便融入他的生命而獲得救贖，因他在〈正文〉清楚說過，他就是「救贖」，而救贖就是「上主的聖言」；他也代表了「修正」，因他為我們象徵一個事實——「與上主分裂」這件事從未發生過。（T-1.III.1:1；T-8.V）

如果你嘗試治療身體的疾病，等於把外在的疾病弄假成真，這表示你漠視真正生病的心靈——那個作了錯誤選擇而生病的心靈。於今，在神聖一刻當中，某位弟兄用自己的愛與平安來告訴你：「還有另一個選擇，那帖藥方就在你心中，它會讓你憶起上主的聖愛，明白你從未離開過祂。」容我再說一次，弟兄的形體做了什麼

或說了什麼都無關緊要，而在神聖一刻中，不論形體做
什麼或說什麼，都會發揮最大的效益。可能僅僅是一句
關心的話，或一個手勢，也可能是給予藥物或心理治療
的協助，乃至一個智慧的忠告。

> 真正治療的，不是他們的手。講出上主聖言
> 的，也不是他們的聲音。（M-5.㈢.2:8~9）

角色換成是你亦然，講出上主聖言的，必是你心中
的愛與平安，這跟你口中所說，或身體的表現絲毫無
關。當然，如果對方習慣透過「覆手」的方式來領受
上主的聖愛，你就覆手吧，只是不要被形式蒙蔽了，以
為那個動作有療癒的能力。同樣的，如果禱告對他有幫
助，就為他祈禱吧，但不要誤認為禱告本身具有療癒的
力量。

榮格提到他早期在精神病院的工作經歷。他對一位
女性病患感到束手無策，她的病情每況愈下，一直關在
自己的病房內，不論這位能幹的精神科醫師對她說什
麼，都無法讓她有半點起色。有一天，他終於認輸了，
對那位女士說：「妳看，我所做的一切對妳一點幫助也
沒有，妳可有什麼建議？」她回答：「那就讀《聖經》

給我聽吧！」榮格的父親是一位牧師，但這位牧師卻一點也不慈愛，因此榮格對《聖經》一向敬而遠之。可是當那位女士說：「讀《聖經》吧！」他便照做了，沒想到，那位病患很快就痊癒出院了。

榮格以這段故事為例，說明精神科醫師往往一無所知，但是榮格知道倘若照那位女士的建議可能對她有幫助。事實證明，那方法的確管用。然而，不是《聖經》的話療癒了她，尤其是榮格本人並不相信自己所讀的經文。但在他苦於無計可施之時，他採用了那位女士所能接受的唯一方式來表達愛和幫助，那是當時他唯一能做的事——透過那位女士所信奉的《聖經》這一形式來表達愛心，而與她在心靈的層面交會了。

有位學員在聽完這個故事之後，也敘述了自己與一位臨終朋友的經驗：

> 他要求我和他一起禱告，這有點強人所難，因為我希望自己回應他的每一句話都發自內心。我其實想祈求「奇蹟」來療癒他，但他期待的卻是某種神奇的「神蹟」。我很難用他那種方式來禱告，但我還是照做了，不過

我心裡很明白，自己當時所祈求的，其實是
消除我對他「即將過世」的恐懼。我一直很
懷疑自己那樣做是否真的在幫他，對他真的
有用嗎？因為我並沒有如他所願那樣禱告。

我是這樣答覆的：

我想，你把問題弄複雜了，因為你將形式與內涵混
為一談。從形式來看，你的朋友相信神蹟，希望有一位
神奇的神明改變他的命運，你卻覺得那樣做違背了你的
信念。其實，問題根本不在這裡，你朋友所要求的，不
過是你能與他同心一意。雖然他未必意識到這點，但他
真正想要的內涵是希望你與他心靈結合，而且他提供的
方法非常容易，你只需照那樣禱告就行了。你覺得有
衝突，是因為你只聽到外在的「形式」，而不是背後的
「內涵」。如果你聽到內涵，自然會二話不說與他一起
禱告，你還會每天為他讀《聖經》、唸禱詞，乃至寫信
給上帝、耶誕老人，或任何一個他要你寫的對象，那就
是他能接受的方式及語彙。換句話說，那是唯一可以讓
他感受到「你愛他，並且與他同心一意」最好的方法。

《課程》有一句極為剴切的話：「即使你的弟兄

77

向你提出一些『蠻橫無理』的要求，去做吧。」（T-
12.III.4:1）如今，你的朋友向你提出「蠻橫無理」的要
求，他期待你呼求神蹟，而你強烈反對的心態，正如同
《課程》接下來所說的，表示你和他一樣把神蹟當真
了。他以為你那樣禱告會救他一命，你則認為「不要」
那樣禱告才能救他，但問題根本不在你禱告的形式。他
其實在告訴你，他需要的形式是什麼。如果你懂得聆
聽，你會聽到每個人都在告訴你他們需要什麼，以及需
要怎樣的形式。他們之所以需要這些形式，是因為他們
實在害怕「內涵」最下面的實相：上主永恆如是。其
實，沒有人真心想要這個實相，太嚇人了！然而，愛的
本質就是這樣，它一無所作，只是純粹、抽象的內涵。
我們必須將那非具體、抽象的愛，轉化為人們能夠安心
接受的形式。是的，只要你仔細聆聽，人們就會告訴你
該怎麼做，正如你的朋友也說出了他所需要的形式。

　　你會猶豫且感到衝突，是因為你也害怕愛，這跟外
在形式、禱詞、神學，或任何其他因素無關。你只是害
怕愛罷了。這個恐懼使我們聽不到他人向愛求助之聲，
反而立刻跳到形式層面：「我不想這樣做，這太不靈性
了！」然而，真正的靈性修持，不但聽得到他人的求

助，還能以對方所能接受且不害怕的方式來回應。形式
與內涵的混淆，是學員最容易掉入的陷阱，以致我們常
聽到一些荒誕的故事，例如：「我不帶你去看醫生，身
體是幻相。如果我帶你去看醫生，我就是在賦予你的小
我力量。」這樣做等於是希望那人早日歸天，但我們常
會用其他理由來掩飾恐懼，渾然不覺是在自欺欺人。要
知道，當人們身受病痛之苦時，必會這樣告訴你：「帶
我去看醫生吧！」這是他們唯一可以接受你表達愛的方
式。此時，你最有愛心的作為就是尊重他們的請求，而
不是為他們上一堂《奇蹟課程》。只因我們都是血肉之
身，才需要透過某種形式來聽出心靈的呼求，而你也只
是藉此形式來傳達那千古不易的內涵罷了。

　　總而言之，如果你用心聆聽，事情其實很簡單，人
們自會告訴你他們需要什麼。如果你百般不樂意，並不
是因為你不認同那個「形式」，而是愛的「內涵」讓你
害怕，你才會以無法接受外在的形式為藉口，拒絕示現
愛的內涵。

　　針對剛才所舉的實例，〈正文〉有幾句話不但可作
印證，同時也呼應了耶穌在〈教師指南〉的訓誨。這段
引言出自〈正文〉第二章第四節，標題是「療癒是由恐

懼中解脫」：

> 救贖的價值是無法靠它所呈現的形式來衡量
> 的。事實上，若要真正發揮大用，它必須以最
> 有利於領受者的形式出現才對。也就是說，奇
> 蹟必須按照領受者所能了解而且不害怕的方式
> 呈現，才可能功德圓滿。但這並不表示這種奇
> 蹟就是他與上主交流的最高層次了。而是說，
> 他「目前」所能接受的最高交流層次僅止於
> 此。奇蹟的整個目標不外乎提昇人的交流層
> 次，它絕不會加深人的恐懼而降低了交流層次
> 的。（T-2.IV.5）

這段話的啟示有如當頭棒喝，它言下之意是在說，就算《課程》是自古以來最神聖的經典，任意引述書中內容，試圖「教育」他人，對人未必有益。尤其對一些已經苦不堪言的人，《課程》的話語可能還會產生極大的反效果。切記，啟發那些文字的「愛」，它的效益才是永遠常在的。

容我重複這個重要的觀念，如果你有一位奇蹟學員的朋友，他一直很清楚「疾病是抵制真相的防衛措施、

疾病其實就是罪咎」等等這類觀念，他若生病了，他心裡有一部分會感到內疚，因為辜負了課程的教誨，也因為自己修得不好才遭到懲罰。雖然這麼想是天大的錯誤，但他始終揮之不去。這時，你還引用《課程》來說教，根本是雪上加霜，徒然加深他的恐懼，讓他覺得沒有奉行耶穌的教誨而更加內疚。事實上，「你」才是違背耶穌教誨的人，因為「你」沒有愛心，不但沒有減輕反而加重了對方的罪咎和恐懼。你在傲慢的心態下，可能還會認為自己能作「最高層次的交流」，對方卻沒這本事。如此加深他人的恐懼或內疚，表示你根本欠缺愛心。

> 真正治療的，不是他們的手。講出上主聖言
> 的，也不是他們的聲音。（M-5.㈢.2:8~9）

多麼透徹的一句話！我們用什麼方式來治療並不重要，真正療癒人的，是我們內心所懷的「愛」。然而，並不是愛的本身有什麼神奇的力量，它不過提醒生病的人「還有另一種選擇」。凡是相信自己與上主已經分離而且住在身體的人，都是病人，無一例外。請記得，《奇蹟課程》的目標所在，只是幫助我們重新意識到我們心中有選擇能力。因此，耶穌在〈正文〉第一章的結

尾說：「此書是一部訓練你起心動念的課程。」（T-1.
VII.4:1）目的就是提醒我們，心靈具有無比的力量。話
說回來，我們有能力選擇相信自己已經摧毀了天堂，並
不表示我們真有摧毀天堂的本事，而是我們有能力「相
信」自己真的幹了那檔事。在那樣的信念及其衍生的罪
咎之下，我們最自然的反應就是壓抑這種能力，將它深
埋於心底。為此，我們才需要耶穌的幫助，讓我們重新
意識到這股力量。一旦我們覺知到它，並且選擇正確的
導師，我們就能成為他人的模範，證明他們也可以作出
同樣的選擇。我們無需提到《課程》、上主和靈性，或
任何身心的觀念，只需懷著愛心就夠了。能這樣慈悲待
人，才是所謂的「天國降臨人間了」。

　　他們給出的不過是上主賜他們的禮物。（M-5.
　　㈢.2:10）

　　上主賜給我們的禮物就是愛。切記，我們只有兩
種情感，一種是我們自己「發明」的，另一種則是上
天所賜（T-13.V.10:1）。愛和恐懼並存心中，各自為政。
此刻，我們看到這兩者並存心中，還能拒絕恐懼而轉向
愛，接受上主所賜的禮物，自然成了他人作選擇時的學
習榜樣。

他們這樣溫柔地呼喚弟兄遠離死亡之途：「上主之子，請看永恆生命賜給你的禮物吧！你何苦選擇疾病，而不惜放棄這一恩賜？」（M-5.㈢.2:11~12）

這正是我們要對弟兄所說的話，但不是用言語，而是透過內涵來呈現。換句話說，我以關懷、仁慈和愛心，為你的選擇提供一個參考的典範——你真的無需選擇痛苦。我既不會強迫你作出這個選擇，也不會讓你因為沒有作此選擇而感到內疚，我只是讓你看到另一個可能性，逐漸悟出你是可能活在世上卻不受世界所限的。也就是說，你會開始感到人生充滿希望，因為你不必改變世間的境遇，只需改變自己對這些境遇的看法、詮釋和反應，你就能夠活得快快樂樂。至少在這個片刻我做到了，以此向你證明，你也一定做得到的。

只要我向你及他人示範這個選擇，勢必會強化我自己的信念；但如果我忘記這個選擇，又開始擔心害怕，而且神智不清地相信自己遠離愛會更好受一點，那時，我的內心多了一個回歸的參考點，我會想起：「每當我選擇耶穌，決心抵制小我時，自己好過多了。此刻的我又再度神智不清，害怕失去這個可憐的、微不足道的

『自己』，我其實是緊抓著虛無不放罷了！」如此，我
又為你示範了一個明智的選擇。

> 上主的資深教師絕不會被弟兄信以為真的種種
> 疾病所蒙蔽。（M-5.(三).3:1）

一個人不論受了輕傷，罹患癌症或愛滋病，都是同
一回事，因為疾病和身體無關。小我的第一條亂世法
則「幻相有層次之分」（T-23.II.2），在那樣的思想體系
下，假設你遇到一個人碰傷了腳趾，你不會因他忘了
「生病乃是抵制真相的防衛措施」（W-136）而讓他感到
內疚；但若是罹患癌症的人，你就可能毫不客氣地痛下
針砭，只因癌症是人人害怕的重症。耶穌為我們特別指
出，所有的身體都是同一幻相；也因此，不管腳趾受傷
也好，罹患腫瘤也罷，都是同一回事，上主的資深教師
絕不會被弟兄信以為真的種種疾病所蒙蔽。

上主的資深教師必會求教於聖靈，明白疾病乃出自
心靈，而也唯有心靈才會作這樣的決定：「我最清楚自
己的狀況，我的判斷既真實又明智；我脫離上主自立門
戶才是最幸福的。」資深教師不僅明白疾病的成因，也
完全了解疾病的症狀所代表的意涵。可以說，無論一個

人是否健康，調養得當，或正在走下坡，單單相信自己
是一具身體，他就已經生病了。只有神智不清之人，才
會認定疾病或形體有層次之分。

> 這樣做（相信幻相有層次之分），就表示他們
> 已經忘卻了一個事實：所有的疾病都是爲了同
> 一目的，因此它們實際上是同一回事。（M-5.
> ㈢.3:2）

耶穌在整部課程不斷強調「目的即一切」（T-17.
VI.2:1~2；W-25, 29）。試看一下，不論投胎爲一具身
體、死於癌症、愛滋病或心臟病，或因車禍喪生，背後
的妄念全都只有一個目的，都是企圖證明「上主錯了，
我是對的」。不管這妄念化身爲何種形式，目的始終不
變。爲此，我們更需聖靈的教導，把這些「災難」轉爲
正念所用，進而達成寬恕的目的。

> 上主之師會努力在這位自欺到竟然相信上主
> 之子可能受苦的弟兄心內找到上主的天音。
> （M-5.㈢.3:3）

身爲上主資深教師的你，若想在弟兄身上聽到上主
的天音，只能以耶穌的眼光來看待弟兄。他的目光能越

過一切形式，看到形式所要保護的罪咎及分裂之念，並且超越罪咎及分裂之念，直視對方的唯一實相——愛。若能如此，你等於提醒弟兄，他並沒有營造出自己，他仍是上主所創造的他。請記得，小我思想體系的前提，就是「我是自己打造出來的，我是自己的創造者，我創造了自己的實相」。

因此，只要你不被弟兄的防衛措施（他的身體及身體的一切遭遇）所蒙蔽，你就不難在他身上聽到上主的天音。你會徹底明白，身體的種種經歷與問題都是心靈的選擇，用來壓抑深埋的罪咎，藉此保全自己個體的存在，它最終的目的其實是為了抵制上主的愛。當你看穿層層防衛之後，這些防衛對你而言，不過是懸在光明之前的一片輕紗而已（T-18.IX.5:4；T-29.IV.4:11；W-138.11:3）；而對小我來說，這些防衛卻「硬如花崗」（T-22.III.3:4），不讓你輕易穿越。但只要你奉耶穌為師，你就能透過他的眼光，看穿構成疾病的種種念頭。你不必否定這些念頭，只需了解它虛無的本質，你便能越過它，看到它想要抵制的光明。

總而言之，我們心內的罪咎遮蔽了心中的愛，而我們的身體又成了保護罪咎的一道屏障。一旦明白這個

道理，無論身體狀況如何，是健全或衰老，全都無礙於你。身體就只是身體，它僅僅是個幻相，想要掩藏罪咎，而罪咎也不過是抵制愛的防衛措施罷了。

> 他們明白這類幻相改變不了任何事情。（M-5.（三）.3:5）

說更直接一點，身體存在的目的無他，就是要讓人以為幻相能夠產生真實的後果，更遑論身體所經驗的疾病和形形色色的問題了。所謂的「罪」，其實是「我們自以為離開了上主」的幻覺，這個幻覺引發出種種罪咎和恐懼，最後造出娑婆世界這一後果。只要我不把這個後果當真，也就是我不賦予罪咎和恐懼力量來剝奪上主的愛與平安（更具體地說，我不賦予你的疾病或問題任何力量，奪走耶穌在我心中的愛與平安），那麼，我等於跟你說：「你與上主分離的幻相對我起不了作用。」於是，我又成了你效法的榜樣──你實在可以如我一般，不受困於幻相。如果我心裡明白「幻相改變不了任何事情」，那麼你心裡也可以明白這個道理，因為我們的心靈原本即是相通的。這就是寬恕的作用，罪咎也因此得以化解。

進而言之，如果罪咎顯然改變不了任何事，它就不可能是一個因；無因之物，根本就不存在。你對罪咎或天人分裂的信念，對我一點影響也沒有；既然影響不了我，它就不是一個因；而如果它不是因，它就不存在，意思是，它根本是後天打造的幻相。耶穌在「小小的障礙」一節中，生動地表達了這個觀念：「連天堂之歌的一個音符都不曾錯過。」（T-26.V.5:4）分裂的幻相改變不了任何事情，因它從未發生過。

> 他們內心的真理會伸向弟兄內心的真理，使得幻相無法繼續逞能。（M-5.(三).3:6）

這句話並沒有提到「我」延伸出什麼，因為「我」什麼也沒作，是我「內在的真理」自己延伸出去的。究竟說來，根本沒有「延伸出去」這回事。上主之子是同一個生命，當我的心靈在神聖一刻完全與聖靈或耶穌認同時，我療癒了，自然與聖子奧體合一了。「延伸出去」一詞，是借用上主延伸自己而創造基督的觀念，所以它不是一種空間延伸的現象。從字面來談，「向外延伸」看似一種空間觀念，然而，當上主延伸自己的聖愛而創造了基督時，基督並非存在於上主之外：

> 祂所創造的一切，從未離開過祂，你絕對找不
> 到天父的盡頭以及聖子獨立出去的那一點。
> （W-132.12:4）

可以確定的一點，凡是與身體認同而且困在時空當
中的心靈，是不可能了解這種觀念的。誠如耶穌在談
「上主的最後一步」時所說：

> 這是千真萬確之事，卻非筆墨所能形容，因為
> 文字語言的詮釋只是象徵符號；凡是真實之
> 物，是不待言詮的。（T-7.I.6:4）

同樣的，真理由一個人傳遞另一人，其實也並非真
的延伸出去。真理哪兒也不去，它無所不在，它就是那
一體不分的生命。《課程》之所以如此反覆重申，只因
我們活生生地經驗著「空間的距離」——世間沒有兩樣
具體之物可以同時並存在同一空間，你看，我在這裡，
你在那裡。

一旦我們徹底了解心靈是一體相通的，便知道真理
哪兒也沒去，它的本質涵蓋了整個聖子奧體的心靈。只
要清除了真理延伸的障礙就是療癒。耶穌在〈正文〉談
到寬恕或奇蹟時，經常提到同樣的觀念：我們的任務只

是選擇奇蹟或寬恕，至於它們如何透過我們而延伸出去則不勞我們操心（T-16.II.1；T-27.V.1；T-28.I.11）。的確如此，我們什麼也沒做。如果你認為自己做了什麼，或擔心對他人產生什麼影響，表示你的心靈已經生病了，無法流露出愛心；至於療癒，就更是遙不可及了。

各位可能還記得，在〈教師指南〉「需要再三療癒嗎？」那一則，耶穌以非常嚴峻的口吻說：如果你操心別人尚未被你治癒，表面看來，你的掛慮好似愛的表現，骨子裡其實是一種恨。

> 人們最難識破的誘惑就是：看到外在症狀不斷重現而懷疑療癒的功效，這是缺乏信賴的一種標記。它骨子裡其實就是攻擊。然而表面上它會裝得恰如其反。操心掛慮乃是一種攻擊，這種說法乍聽之下確實有違常情。因它具有愛的所有樣貌。然而，沒有信賴，愛是無法存在的，而懷疑與信賴也不可能並存。恨，不論化身為何種形式，必然與愛水火不容。你若毫不懷疑這禮物，就不可能懷疑它的療效。就是這份肯定不疑使得上主之師搖身一變而成了奇蹟志工，因他們已把信任寄於上主身上。

（M-7.4）

你應關注的，僅僅是自己不要插手干預，正如耶穌在〈練習手冊〉結尾之前所說的：「我們關注的焦點只是如何歡迎真理的到來。」（W-PII.十四.3:7）我們必須放下干預之念才能歡迎真理的到來，他們（病患）也才能因此被帶到真理前，而不是把真理帶到他們那裡。換句話說，將幻相帶入真相，而非將真相帶入幻相。當你嘗試在形式的層面療癒他人的疾病，或你因關切他人的病情而妄自判斷時，表示你已把真理帶入幻相了。這樣做，不但一點療效也沒有，反而阻礙了真理療癒幻相。

耶穌和聖靈並不住在身體或活在世間，所以他們不會著眼於身體的症狀，你該慶幸祂們不在乎你的症狀才是。祂們所揭示的，就是心靈的療癒原則，因為只有心靈才會生病。再強調一次，你應該將幻相帶到真理前，也就是說，唯有向耶穌求助，並以他的眼光看待事物，你才能看穿疾病之念所投射之幻相，直視真理本身。但在此同時，你必須敢正視幻相，並且放下一切評判，否則，一味抵制幻相是毫無意義的。

就這樣，上主的旨意藉此合一之願（而非某

個人的意願），驅除了所有的幻相。（M-5.
(三).3:8）

　　真正療癒的，不是「你的」意願、高明醫術，或是
療癒能量，也不是「你的」氣場的光熱或覆手的能量，
更不是「你」引用的《奇蹟課程》章句，這和「你」一
點關係也沒有。如果你認為自己是「特殊的」，表示你
跟對方一樣生了病。再重複一次，你的任務只是退到一
邊，讓「上主的旨意藉此合一之願」進行療癒。只要你
神智清明而且與耶穌結合，用他的慧見去看，在那樣
的「神聖一刻」，你便代表了聖子奧體的一體生命。換
言之，真正療癒的力量，來自你憶起了聖子奧體的一體
性，明白彼此從未分裂過。此即上主之師的任務所在：
既不把他人的意願看成有別於自己的意願，更不將自己
的意願視為有別於上主的旨意。不妨回想一下大衛和安
妮的例子，他們的功課就是透過自己的工作環境，學習
看出沒有一個人是與自己分立的「外人」，無論是行政
主管、員工或是病患。

　　療癒是一種心靈合一的體驗，不論多麼短暫，都有
療癒之效。如果上主之子的心靈是一體的，分裂就不存
在，既沒有「罪咎懼」可言，整個世界、身體和疾病也

隨之無以立足。棘手的是，我們偏偏做不到放棄對身體的認同，這是奇蹟學員最常反映的問題。我們「感到」自己住在這具身體，只要不進食、不呼吸，身體馬上會出狀況。的確，要充分了解並體驗到自己不是一具身體，是極度困難的，不過也正因如此，我們必須更溫柔更仁慈，給予自己的恐懼一些空間，同時也尊重他人的恐懼。

此刻，特別提醒諸位一個重要觀念，以上所說，並非要你忽視他人對你的種種言行，也不是要你漠視他人的痛苦。本課程的旨意所在，無非提醒你，不論環境多麼惡劣，都不要讓它影響到耶穌在你內的愛與平安。只要你能如實做到，不可能不仁慈對待每個人的，你也絕不會針對「特定的」團體或「特定的」人，在「特定的」日子，依照他們「特定的」症狀或「特定的」環境來決定你的態度。**你時時刻刻都會仁慈善待「每一個人」**，因為你心中只有慈愛，沒有其他東西。當然，你無法向全世界幾十億人口的每個人都表達你的愛心，但你可以做到在心中不排除任何一人。你會仁慈對待自己人生教室中的每一個人，不會挑三揀四、分別取捨。此中關鍵，僅僅在於你必須奉耶穌為師，才會透過他的眼

光看待萬事萬物，透過他的愛來說話行動，如同他在
〈練習手冊〉殷切的期許：

> 這是我唯一的要求；你會聽到我說的話，再將
> 它們帶回人間。你是我的聲音、我的眼睛、我
> 的手足，我必須藉著它們才能拯救世界。
> （W-複習五.in.9:2~3）

　　有待拯救的世界，就是相信分裂的病態心靈所投射
出來的世界。只要生病的心靈相信自己是一具身體，需
要和其他身體互動，愛的療癒之念就必須以具體的形式
來表達，只因我們也認為自己住在身體、活在世上。我
們的心靈一旦獲得療癒，我們的任務便是以人們習慣的
形式或層次跟他們互動，只不過，我們心裡知道自己並
非真的在那裡，知道自己雖「活在」世上卻不「屬於」
世界。在那一刻，我們才真正體認到自己的本來面目是
心靈，自己的生命實相是愛，這代表了上主之子的一體
生命，也正是我們要給世人的訊息。

* * * * * * * * *

　　問：當我們活在正念之中，內心會感到非常安詳與

慈愛，然而，這種心境爲何無法持久呢？

肯恩：既然平安與愛那麼美妙，爲何我們無法保持這種心境？是因爲我們心靈有一部分已經神智失常了，這部分心靈並不相信平安與愛是美好的。切記，小我誕生於聖子決定逃離平安和愛而選擇衝突的那一刻。小我整套思想體系都建立在衝突之念：「我謀害了上主，祂一定會起死回生來向我索命。」我們之所以打造出娑婆世界，正是爲了逃離這個衝突；然而，我們並未真正逃離衝突，而是將衝突之念從心靈投射出去，結果害得我的身體跟萬物都起了對立與衝突。再說一次，小我的存在，就是建立在衝突上頭的，而人是不可能活在衝突中同時還能體驗到平安與愛。正因如此，我們需要看出自己作了錯誤的選擇，竟然以衝突和痛苦來取代平安和愛。一旦你經驗了平安和愛，你會發現，要把小我當真反而變得更困難了。但是你仍需儆醒，因你心內可能有一部分會警告你：「最好小心點！如果你繼續跟耶穌廝混下去，遲早會失去你自己的。」

問：天曉得我會變成什麼樣子！

肯恩：是的，問題就在這裡：如果我們繼續這樣下

去，遲早會失去自己的個體價值，無疑，這是萬分可
怕的事。但只要我們體驗過愛，一切問題都在愛中消
失了，長此以往，我們幾乎不可能再把人間的問題當眞
了。話說回來，許多人都有過「害怕療癒」的經驗。
〈教師指南〉第五則有一段談到「從妄見的角度來看療
癒的意義」，它指出，在妄見中，人會認爲疾病和痛苦
是值得的，因爲受苦會轉成力量，足以與上天抗衡：

> 在這神智不清的信念下，療癒究竟代表什麼？
> 它象徵著上主之子的挫敗以及天父大獲全勝。
> 它代表上主之子被迫面對自己最終極的叛逆。
> 它代表上主之子爲了保全自己這一條「小命」
> 而企圖隱藏的一切眞相。他若得到了療癒，就
> 不能不爲自己的念頭負責。他若得爲自己的念
> 頭負責，必然難逃一死的厄運，這才能證實
> 他是多麼的脆弱可憐。因此，他先下手爲強，
> 置自己於死地，那麼他的脆弱才會轉爲一種力
> 量。如今，他已把上主可能賜他的結局先給了
> 自己；就這樣，他全面篡奪了造物主的寶座。
> （M-5.(一).2）

換句話說，如果我的存在是藉著疾病和困難來支撐

的，那麼，療癒的意思就是要放下小我的身分，如此一
來，我就不能不面對那個「可怕的」真相──上主是對
的，我錯了。根據上面這段引文，療癒代表了我必須為
自己的念頭負責，外面沒有別人可以為我承擔責任，
而這意味著我天理難容，難逃天譴，所以我還是生病
為妙，這樣我就可以跟上主說：「祢瞧，祢不用懲罰我
了，因我已吃盡苦頭了。」這正是小我聰明卻歹毒的計
謀，它其實要說的是：「滾開！我不需要祢的愛，也不
勞祢來懲罰我，因為『我』會懲罰自己。」看吧，我寧
可繼續生病，放棄種種病痛反而是天大的威脅。

最後，我用下面這段〈正文〉的話作為本章的結
語；我很冒昧地改了四處，特別用引號來凸顯：

> 宣揚「仁慈」的教師們，即使各有所司，仍能
> 同心協力，為自成一體的救贖課程克盡一份力
> 量。除此之外，沒有任何學習目標能夠如此自
> 成一體。這一課程不會自相牴觸，教學的形式
> 雖有萬千，目標永遠只有一個。你為它付出的
> 每一份心血都會將你導向這一目標，也就是由
> 罪咎解脫，邁向上主及一切造化的永恆榮福之
> 境。凡是以「仁慈」為目標的課程，都會直指

天堂和上主的平安。「**仁慈**」能爲你免除學習
過程可能經歷的一切痛苦、掙扎與懼怕。上主
必以自己的大能支持這份「**仁慈**」，並且保證
了它造福人類的無量功德。（改編自 T-14.V.6）

是的，我們若要打造美好的一天，上上之策，莫過
於銘記這個徹底放下衝突的仁慈課程，它是一條溫柔、
不批判的道路，直抵天堂及上主的平安。

結　語

頌禱耶穌——耶穌是我們仁慈的榜樣

　　我們效法造物主的慈悲大愛，矢志在世間彼此仁慈相待。也就是說，我們下定決心，不再以分別心來看待「他人的利益」跟「自己的利益」。下這個決定至關緊要，自此，我們甘心樂意承認過去的錯誤——誤以為收回愛心會讓自己更有力量。我們一旦學會了接納耶穌永恆不渝的愛，自然會希望他的仁慈能「透過」我們而推恩出去，誠如下面這段話所說的：

> 伸出你的手來，接下你仁慈地送給別人的寬恕
> 之禮，因為他跟你同樣地需要。你那無情的自
> 我概念才會脫胎換骨，帶給你上主的平安。
> （T-31.VII.5:6~7）

　　每一個想活出耶穌寬恕精神的奇蹟學員，必會以香格里拉那位得道喇嘛的單純原則「仁慈相待」作為生活

的指導方針，久而久之，緣於自我中心而動輒訴諸憤怒、批判等等的小我信念便會漸次瓦解，取而代之的，是耶穌一直想要傳授給我們的仁愛慈心。海倫在〈上主的贈禮〉一詩充分體現了耶穌的溫柔之愛，他殷切地敦促我們接下他手中的仁慈贈禮，取代我們彼此冷漠或殘酷相待的憎恨之禮。

　　將那些無聊的中傷之舉交給我吧！你已透過我的慧眼看出自己為它們付出何等的代價了。放棄那痛苦的夢境吧！因你如今已看清它們不過就是一場夢，真的空無一物。

　　我很樂意從你手中接下這些禮物，將他們放在上主的贈禮旁，安置於聖子的祭壇上。這是我所給你的禮物，用來交換你因善待自己而給我的獻禮。這是我想要的唯一禮物，此外別無所求。唯有你親自獻出此禮，求助於我，我才能以救主身分前來幫你。上主的贈禮此刻就在我手中，等著賜給任何願意用世界來交換天堂的人。你只需呼求我的名，求我接納你甘心奉上的痛苦禮物，且親自將它放到我手中。頭上的荊棘摘除了，手心的長

釘拔出了，世界微不足道的禮物一個一個被
你欣然捨棄。你所渴望的，需要的，或曾寄
望在世間的破爛玩具中找到的寶貝，全都在
我手中。我一收下你的破爛禮物，它們從此
一逝不返。而它們一度所在之處，出現了一
道光明之門，通往另一個世界，我們終於能
奉上主之名邁入天門了。

——天恩詩集 PP.118~119

　　讓我們心中懷著這個信念，口中吟誦這一禱詞，與
耶穌一起上路，繼續我們的旅程，沿途向上主之子獻上
仁慈，他是我們的弟兄，也是我們的自性。《課程》為
此旅程提供了完美的藍圖，一路上，耶穌撫慰的手穩定
我們的腳步；我們日常奉行仁慈的原則，幫助我們憶起
與我們並肩同行的「那一位」，祂會指引我們放下特殊
性，經由寬恕，抵達上主的平安。

　　最後，我願以海倫的一首詩作為上篇的結語，它與
我們上文討論的每個觀念緊緊相扣。我在課堂上經常誦
讀這首詩，在座有很多人應該都耳熟能詳了。這是我們
向耶穌發出的祈禱，希望自己能夠如他一般仁慈待人。
本詩的結尾是個非常具體的祈求，但願我們與人同在之

時，人們在我們身上只會看到耶穌，而不是我們自己。

　　本書一開頭便以「仁慈相待」來表達耶穌的愛，我至切盼望每個人都能如此祈求——唯願自己有朝一日能成為耶穌所示範的「平安與仁慈」之具體化身。如果你以此為學習的目標，每當你與人相處的時刻，每一剎那都有典範可循：「我是否像耶穌一樣仁慈？還是我又開始批判了？」如果是後者，等於是在向對方說：「當你面對我時，你所看到的是『我』，而不是耶穌。你會在我的批判中看到上主的憤怒，而不是祂的聖愛。我的憤怒既合乎公義又強而有力，它代表上主對你的審判。」這種時候，請馬上問問自己：「我想要別人看到這樣的我嗎？或是我希望呈現耶穌的仁慈？」只要你真心願意學習放下判斷，效法耶穌這位仁慈之師，相信這首〈頌禱耶穌〉必能引導你安度此生。

　　先說明一下，這首詩第一段中的 A Child, a Man, a Spirit（聖嬰，聖人，回歸聖靈），三個字都大寫，指的是耶穌；兩小節之後又出現 A child, a man, a spirit（嬰孩，成人，回歸靈性），此時沒採用大寫，指的是我們自己。這首祈禱詩所描述的，即是我們逐漸貼近耶穌的心路歷程；唯有親身體驗到耶穌的愛，我們才可能向世

人見證「仁慈是如何從仁慈推恩於仁慈的」。世界就這
樣在我們長兄的仁慈之愛下獲得了療癒。我們遲早都會
跟耶穌一樣的，因為仁慈原本就是我們的生命本質。

頌禱耶穌

祢，如此的慈悲，來到人間
走過聖嬰，聖人，回歸聖靈
若非祢照亮我的生命
我的一生將成為祢的遺憾
祢的遺憾，也成了我的失落

我不知此生所為何來
除了這個目的 ——
我知道自己來此
為了追尋祢，將祢尋獲
祢以自己的一生
為我指出永恆天鄉的歸路

我，依循祢指引的道路

走過嬰孩，成人，回歸靈性

祈望自己終能肖似於祢

除了肖似於祢，此生夫復何求

祢在寂靜中對我發言

要我代祢說出愛的天音

說給祢送到我面前的人聽

而我也因此蒙受了祝福

在他們內，我看到了祢閃亮的生命

天恩浩蕩，何以回報

感恩之情，難以盡述

祢的光環，已代我發言

我的靈魂在祢溫柔的牽引下

悄然無聲

我以神聖的手接下祢的恩賜

因祢用自己的手祝福了它們

來吧，弟兄

瞧！

我如此肖似基督，也如此肖似你

你在祂的祝福下，已與我合而為一

祢為我示範了自己最完美的面貌

以此幫助祢的弟兄

如此，我才能刷亮弟兄昏暗的眼神

當他們抬頭一望

願他們看到的不是我，而只有祢

—— 天恩詩集 PP.82~83

附錄一

誓不傷人

本篇文章的主題，源自西元前四世紀古老的〈希波克拉底誓言〉（*Hippocratic oath*），這是當時所有醫護人員都必須遵守的原則，其精神可濃縮為「誓不傷人」這幾個字。奇蹟學員若要活出「奇蹟精神」，不妨把這條言簡意賅的原則當成自己的座右銘。

本文將從「誓不傷人」的一般原則談起，再探討具體的實踐，幫大家深入了解這個原則，進而真正活出它的精神。首先，我們不妨問問自己，「誓不傷人」這句話對我個人究竟有何意義？其次自問，我如何依照這個原則來生活？這樣的自我探問，等於全面檢視我所謂的「一生」，因我不能不正視自己「所有的」假設、信念、價值，以及活在世間的生存模式。在整個反省過程中，只要用心真誠，必會驚訝地發現，原來自己在人際互動中有那麼多不可告人的私心，從《課程》的角度而言，就是耶穌要我們去看的種種投射、特殊性及人際關係背後的動機。

　　一開始自我檢視，我很快就心裡有數了，我其實一直在利用他人來滿足自己的欲望與需求。這算是一種傷害嗎？現在，讓我們先看看以下三種場域，再來確定這種關係模式背後究竟隱藏了什麼目的：

　　1）以工作場合為例，不論在學校或職場，我確實利用別人來讓自己出人頭地，從他們身上攫取我的需求；我並不真想回報他們，一點也不關心他們的福祉。基本上，我的心態是非常自私的，滿腦子只顧自己的利益，但我會用尊敬和友善的表情來隱藏真正的企圖。到最後，我對他人和自己都不誠實，同時還設法隱瞞自己對這些關係的真正居心。

　　2）在愛情關係中，我也不難找到自己如何利用他人來滿足情感及生理需求的實例，為了掩飾自己對此關係的私心，不惜用謊言掩蓋真正的意圖，一點也不在意自己是否傷害到對方。

　　3）在家庭關係中，我可能會發現，自己在成長過程一心想要高人一等，壓倒兄弟姊妹，以博取父母的讚美。換句話說，我必須利用家庭生活各種狀況，施展手腕，極力爭取父母的愛、讚美和認同，這樣我才能成為

家中最亮的一顆星。我從未眞正爲父母或兄弟姊妹著想，只在乎他們能爲我做什麼，讓我在家享有「特殊」的地位。

　　光是這三種場域就足以讓我看清，我是如何利用這些關係來滿足自己，罔顧他人福祉，無疑，這的確是一種傷害！《奇蹟課程》用「特殊性」一詞涵蓋上述缺乏愛心、自私自利、貪得無厭，以及自我中心的心態和行爲。不只如此，我還漸漸明白，我一直都在傷害自己和他人，因爲我的生存模式純粹出於「匱乏原則」，這正是小我思想體系之標誌。隨之，還有更多的領悟也一一浮現了：

　　1）只要我相信自己是一具身體，就會拜小我爲師，因爲它一直在灌輸我們：我們都是各自獨立的身體，是不完整的生命，需要外在之物來滿全自己，所以我不能不從你那裡奪取我所需要的，以彌補自己的缺憾。

　　2）我因爲認不清自己和他人的眞實面目及此生的目的，才會傷害他人。事實上，凡是出自小我的人際關係，勢必導致傷害，總是傷人又傷己，這是註定的結

果。但在這之前，我絲毫不曾花時間反省自己的想法、言語和行爲，所以也毫不覺察自己是個傷人的傢伙，但這只瞞得了自己卻瞞不了他人。

3）利用別人來滿足自己，其實就是一種攻擊，《奇蹟課程》認爲，這樣只會引發內疚，令人更加陷於妄念之境。於是，我的憤怒總是指向你，因你沒有滿足我的需求，沒有善盡我在人生大夢中指派給你的任務。正如耶穌在〈正文〉「夢中的角色」這一段所說的：

> 簡言之，攻擊可說是你因心目中的任務並未如你所願地完成而激發的一種反應。

> 你哪一次發怒不是因爲對方沒有達成你爲他指定的任務？哪一次你不認爲那是你應該攻擊他的正當「理由」？（T-29.IV.3:1；4:1~2）

我過去察覺不到自己潛意識的運作，現在終於看清了，自己所有的關係都已經陷入「罪咎－攻擊」的循環。此外，我也發現了自己強烈的自我保護傾向，使任何人都難以親近我。我究竟在保護自己「什麼」？顯然地，我不讓他人像我利用他們一樣來利用我，因此我下意識地建立了「冷漠疏離」的防衛模式，與世界保持

距離，讓別人親近不了我。這就是《奇蹟課程》所指的「攻擊－防衛」的循環。

> 攻擊復防衛，防衛復攻擊，每天、每時、每刻
> 就這樣惡性循環下去，周而復始地將心靈囚禁
> 於銅牆鐵壁內。心靈的枷鎖愈扣愈緊，幾乎看
> 不見任何可供逃生的缺口或盡頭。

（W-153.3:2~3）

如今我總算看清，原來自己大半生都籠罩在「傷害」的陰影之下。除了上述提到的私心及人際關係背後的動機之外，我也覺察到自己無時無刻不在評判別人，把他們當成跟我完全無關的另一生命。就這樣，分裂之境因著我的評判變得更加真實，且深深烙在心中。尤有甚者，如果我們用「理性判斷能力」作為一個人成熟睿智的尺標，只會讓罪咎更加牢不可拔而已。這就是「投射形成知見」（T-21.in.1:1）：我唯有把自己信以為真的罪咎投射出去，嫁禍他人，我才能冠冕堂皇地定別人的罪。接著，我又靈光乍現，想到自己也曾做過書面攻擊──多年來和他人的書信往來中，我下意識地以文字作為傷人的工具，這對我自身的傷害非常大，對那些我所投射和攻擊的對象更是不在話下。當我開始將自己覺

察到的「傷人的念頭、言語和行為」類推到其他方面，
一連串的自我發現馬上排山倒海而來，讓我看到這個
「投射－攻擊」的模式早已滲透到我所有人際關係了。
就在我反省的過程暫停片刻之時，驀地，又冒出一個念
頭：「被我刻意『剔除』的那些傷害有多少？它們又是
什麼？」

接著，我提起筆，試圖列出被我剔除於生活外的事
項，於是，某些想法就一一浮現了，例如：

＊在所有關係中，我是否曾有不願負責任的心態？

＊我是否曾用冷漠或疏離的態度，來消極應對所有
　的人際關係？

＊我曾否選擇以「視而不見」的態度來面對發生在
　眼前的事？（只因我決心不讓任何人侵犯自己的
　獨立性）

＊我是否曾以「對外國人的恐懼症」為藉口，掩飾
　自己的排外心態，將聖子奧體的某一部分排除在
　外，認為他們與我毫不相干？

＊雖明知為了滿足自己的需求而與人交往，是不可

能建立眞實而良善的關係；然而，眞正放下個人
的需求，這事究竟有多難？

＊最後一點，也是至關重要的一點：我是否不知不
覺早已把仁慈與關愛剔除於自己的思想言行之外
了？（除非它能滿足自己特殊性的需求）

這樣的自我審視常有舉一反三之效，幫我一層一層
揭露了阻撓我活出「誓不傷人」的障礙。

在〈教師指南〉中，上主之師的第四個特質是「溫
良」，有趣的是，這段話裡討論溫良的片段並不多，出
現較多的反而是「傷害」的字眼。它提醒上主之子必須
放下傷人的念頭，因那是小我施展特殊性與仇恨的武
器。在那兩段話中，傷害之類的字眼出現了九次之多，
而溫良之類只出現三次而已。這並不足爲奇，因爲《課
程》的重點所在，原本就是以「化解」小我思想體系作
爲回歸上主聖愛的不二法門。我們只需讀下面這段的
前面幾句，就可看出上主之師放下傷人的念頭有多麼重
要：

傷害必然來自評判。那是由不誠的想法而形成
的不誠行爲。它一旦判決弟兄有罪，必也同

樣判決了自己。平安到此告終，它已拒絕了
一個學習的機會。於是，「上主的課程」形同
虛設，神智不清的妄心便會大展「神」威。
（M-4.㈣.1:3~7）

耶穌用這段話來說明，我們在評判他人之前，其實
已經先評判了自己。我們聽從了小我的指示，相信自
己生來就有問題，因為我們在自己打造的夢中不斷重
申「我與造物主及生命根源已經分裂的事實」。這個滔
天大罪讓我們戰慄不已，為了逃避這種痛苦，我們先否
定這是自己的罪咎，然後將它投射出去，讓他人來扛自
己不敢面對的罪行與罪名。引文中「不誠的想法」，就
是我們心裡的「自我控訴」，而「不誠行為」則指我們
對他人的批判與指控。我們一旦「判決弟兄有罪」，只
會加深我們的內疚，因為我們心裡已先把罪咎當真了。
如此一來，「平安到此告終，它已拒絕了一個學習的機
會」，只因我們已經以小我為師，抹去上主的課程，代
之以神智不清的妄念思維。

耶穌接著說：

每位上主之師在訓練的初期就該明瞭，傷害別

人必會使他徹底忘卻自己的任務。使他陷於迷惑、恐懼、憤怒、猜忌之中。再也無法接受聖靈的教誨。若想聽到上主「聖師」之聲，必先明白傷人乃是一無所用之事。（M-4.㈣.1:8~11）

上面這段話的第一句非常重要，因它適用於人生所有的場景。這句話斬釘截鐵指出，每一個有心修練的人，必須「在訓練的初期」就明白：他務必完全放下傷人的念頭，否則便無法學習聖靈的課程。要知道，傷人的意圖一進入我們的念頭或言行，會立刻陷我們於妄念之境，讓我們難以自拔，即使我們未必甘心承認。它還會阻礙我們覺察到自己的意圖和動機，甚至壓到潛意識下。對此，《課程》的化解之道，就是讓潛意識的念頭浮到意識的層面，因之，我們才能覺察到小我，聖靈也才有機會幫我們化解。倘若我們執著於傷害和批判之念，便無法覺察小我，那麼不論我們怎麼修練《課程》，都不會有結果的。我們遲早都需要認清，傷人之念必會淹沒聖靈之聲；一旦如此，想要從夢中覺醒而回歸生命之源，勢必遙遙無期。

至此，我們終於了解「誓不傷人，且毫無例外」的真諦。凡是有心奉為圭臬之人，必須在任何的環境、關

係、事件和處境，時時刻刻觀照自己的念頭，警覺自己是否離開了正念（聖靈的居所），而投靠妄念（小我的領地）。這不是一件容易的事，只因我們大部分的人早已習以為常，按照小我的程式與人互動，終日與小我廝混，如今要和耶穌或聖靈建立真實的關係，拜祂們為師，反而像是「有違自然」。再說，要放下各式各樣數之不盡的傷害念頭，似乎是個艱鉅至極的任務。但在這裡我仍要提醒大家，《奇蹟課程》說了，我們只需發出「小小的願心」，願意放下「自己」的方式和「自己」的看法，開始向「從不傷人的那一位」求助，祂總是有求必應的。

現在，讓我們再回想一下耶穌在〈教師指南〉所談的「溫良」特質，不時用下面這段話來提醒自己：我們想要牽的是「他」的手，只需與他攜手，也就是與所有弟兄同行，我們已經踏上「不傷人」的溫良道路了。我們甚至可以把〈練習手冊〉第一百九十五課的標題「愛乃是我感恩的道路」，改成「愛乃是我『不傷人』的道路」。

因此，上主之師是全然的溫和良善。因為他們需要溫良的力量，救恩的任務才會變得輕鬆愉

快。凡是存心傷害別人的人，是輕鬆不起來
的。傷害別人對他既是毫無意義的事，溫良自
然成了他的天性。對神智清明的人而言，還有
什麼比這更有意義的選擇？一旦看到了天堂之
路，誰還會選擇地獄？誰會寧可削弱自己的力
量而不惜傷人，放棄溫良帶給人的所向無敵之
大能？上主之師的力量就在他們的溫良之中，
因他們已經了解了，自己的邪念既非來自上主
之子，也不可能出自他的造物主。這樣，他們
的意念便結合於那神聖的生命之源。於是，他
們的意願（其實也就是上主的旨意）才得以自
由地展現出來。（M-4.㈣.2）

附錄二
以仁慈而單純的心
傳達仁慈而單純的訊息

　　習慣閱讀《燈塔通訊》形上理念的讀者，或許會對本期的主題感到意外。這次探討的重點是：奇蹟學員爲何堅持不學救恩給我們的「簡單的功課」（T-31. I.1:10~2:2），存心抵制《課程》所要給我們的美妙禮物，使身邊的人也無法透過我們而獲益。《課程》的單純教誨離不開「仁慈」一語，它不但是我們眞心操練寬恕的自然結果，也是本課程的中心思想。爲此，本文會深入探討：因著我們選擇了小我的思想體系，原本相當單純的訊息乃淪爲犧牲品，受到嚴重的曲解，我們也變得好批判和動輒攻擊他人。爲了單純起見，我們不談高深的理論，先看看〈練習手冊〉第一百三十三課「我不再重視毫無價值之物」的第一段：

　　當學生學完了一套理論性似乎相當濃厚、又與他往昔所學大異其趣的教材之後，若能再把他領回具體應用的層面，這種教學的效果會更

大。這就是我們今天所要做的。我們不再說一
堆放諸四海皆準的高超觀念，只是著重於對你
實用的部分。（W-133.1）

可以說，日常生活中最能觀照出自己心念的方法，
就是看看自己如何回應家人、朋友，甚至自己所面臨的
危機。我們在逆境的挑戰下，潛意識的自我譴責往往會
毫無保留地浮上心頭，並且向外投射，開始批評受苦中
的自己或他人「修得不好」或「修得不對」，不是忍不
住對別人說教，就是認爲自己辜負了《課程》的教誨。
此外，我們大概都幹過這種事，隨口引用書中的術語，
套用在自己或他人身上，曲解它的眞義，造成惡意的攻
擊，印證了莎士比亞在《威尼斯商人》中的名句：「魔
鬼也能引用聖經為自己背書。」這現象在奇蹟圈裡可說
屢見不鮮。附帶一提，耶穌在《課程》裡也說過同樣的
話：「它（小我）不只會為自身的利益來詮釋聖經，還
會引用聖經來為自己作證。」（T-5.VI.4:4）比如說，我
們常會聽到奇蹟學員「好心地」提供下列建議；很遺憾
的，這些都是眞實的例子：

——你怎麼還在吃藥、還在看醫生？你只要改變自
　己的心念就好了。

——你爲什麼還在哀悼去世的親人？難道你忘了死亡是個幻相？

——你怎麼還躺在病床上呢？你應該讀讀第一百三十六課「生病乃是抵制眞相的防衛措施」。

——你怎麼可以去法院提告？這樣做只會強化小我的對立思想。

——你爲何還要看菜單？《課程》說，你應該問問聖靈你該做什麼，當然也包括該吃什麼。

——你該不會還在買保險吧！去讀讀第一百五十三和一百九十四課「不設防就是我的保障」、「我把未來交到上主的手中」。

——別問我下週要做什麼，去讀一下第一百三十五課所說的「已治癒的心靈不再自行計畫」！

——你的車爲何還上鎖？讀讀第一百八十一課吧：「我信賴我的弟兄，他們與我是同一生命」。

諸如此類的話，簡直不勝枚舉！

從這些話語可以看出，奇蹟學員實在忘記了上主之

師的第四個特質「溫良」，亦即放下所有傷人的念頭、言語和行為（M-4.㈣）。有些攻擊的方式，以「不管我們做什麼都沒關係，因為我們與耶穌一起看著小我」來包裝，還祭出〈正文〉第十一章「小我的『運作模式』」這節開頭的話：「不願正視幻相的人，必然受制於幻相。」（T-11.V.1:1）有了這些武器，奇蹟學員就可冠冕堂皇地認為，種種不友善及傷人的言行都是情有可原的，這跟伴侶間有時會掉入的陷阱一樣，例如：「我願對你完全坦誠，告訴你我真正的感受。」如果對方一時閃避不及，可倒大霉了，因為這句話足以讓人警惕：接下來要說的絕對不是什麼由衷之言，更別指望它出自於愛了。

我們不難明白，所有攻擊的念頭，甚至傷人的言行，都是因為自覺或不自覺地把分裂的思想體系當真了。若非我們相信自己所侵犯的對象與我們是不同的個體，因而產生了「我對你錯」的心態，否則，我們怎麼可能認為自己的憤怒是情有可原的？執著這種觀念，我們非但仁慈不起來，連自己也深受其害。誠如〈正文〉二十四章所說：

只有你才傷害得了自己。縱然我們再三強調這

點，卻很少有人能領會箇中深意。嚮往特殊性的心靈，根本無緣了解此事。但對於嚮往療癒而不願攻擊的人，這是顯而易見的道理。攻擊的意圖藏在心靈裡，你也只會在心中承受它的苦果。（T-24.IV.3:1~5）

〈練習手冊〉也有兩課主題反映了同一觀念：

只有我自己的念頭才影響得了我（W-338）
只有我的念頭傷害得了我自己（W-281）

現在可以清楚看到，爲何我們始終做不到耶穌所要求的「仁慈而簡單的事」，因爲要放下所有的判斷、你我有別的信念，以及隨之而起的攻擊念頭，等於要我們放下分裂的信念；一旦不再相信「我與上主及聖子奧體的其他部分是不同的個體生命」，小我就無法立足了。也因此，對我比較「安全」的作法，就是傷害別人，透過攻擊來保全我這個獨立的「自我」，鞏固小我分裂及差異的思想體系，脫離上主的一體生命。〈正文〉第二十二章也說：

你與上主若是同一生命，而且你也能認出彼此的一體性，你自然會明白祂的能力就是你的能

力。但是，只要你還認定某一種攻擊行為是情有可原的，你便不可能憶起這一真相。任何形式的攻擊都無法自圓其說，因為毫無道理可言。除非你與弟兄是兩個不同的生命，又與你們的造物主風馬牛不相及，你才可能找到攻擊的藉口。也只有在上述前提下，你才可能攻擊某一部分造化而不傷及整體，或攻擊上主之子而不禍及天父，或攻擊他人而不傷及自己，或傷害自己而不牽累他人。你卻寧可相信有這一回事。……只有相異之物才會彼此攻擊。你便理直氣壯地下此結論：既然你們能夠攻擊，表示你與弟兄必是兩個不同的生命。（T-22. VI.12:1~6；13:1~2）

於是，攻擊他人，無異於宣稱「我寧願自己是對的，而非幸福」（T-29.VII.1:9），證明上主才是精神有問題，竟然「相信」完美的一體性；也因此，堅守「各顧己命，才是現實，為救自己，絕不手軟」這一立場，才屬於正常人的反應。

《課程》再三強調「目的即是一切」，萬事萬物的存在意義，就在它「究竟是為了什麼？」（T-17.VI.2:2）

唯有徹底了解我們無情的態度下隱藏的「自我保護」動機，才能明白為何我們堅持不學耶穌的簡單課程。誠如人人皆知的，「唯有寧靜的心才可能憶起上主」（T-23.I.1:1）；準此，要讓我們無緣憶起「我們與上主一體不分」的萬全之計，莫過於任由自己的心終日處於忙碌的狀態。隨之，各式各樣的批判、攻擊、閒言閒語這類小我的「叫囂與妄為」（T-21.V.1:6），我們不只習以為常，甚至還衍生一種幸災樂禍的心態。要知道，所有的批判念頭與無情言行，其實都暗藏玄機，令我們遠離寬恕所帶來的平安，聽不見和平與寬恕的天音，使原本可以領我們回家的「寬恕大能」欲振乏力。

> 憤怒所在之處，上主的平安絕對無法進入，因憤怒必會抵制平安的來臨。只要你還想為自己的憤怒尋找藉口，不論以什麼方式或在任何場合下，你等於公開宣告平安沒有存在的意義；那麼你必然也會相信它沒有存在的可能。平安是不可能在這種心態中現身的。……只要憤怒一起，不論大小輕重，你都會被罩在一簾沉重的帷幕之下，而認為平安不可能存在的信念必會復萌。於是，鬥爭又再度被視為唯一的現

實。（M-20.3:3~5；4:2~3）

其實，要領會並欣賞「仁慈待人及利益眾生」的普世美德，並不需要高深的形上思考，也無需講究如何的救贖之道，「作個正常人」永遠是個簡易實用的指標。所謂「作個正常人」，不外乎：避免惹是生非無端侮辱人、傷害人、打擊自己的弟兄。我們不需信奉「上主並未創造物質世界」，也一樣可以了解「仁慈和尊重的態度待人」是何等重要。固然這並非究竟的療癒（因療癒僅發生在心靈的層次），但「慈愛待人」通常反映出自我寬恕的慈悲；而且也唯有透過它，才會一路引導我們回到仁慈的天鄉。

如果我們此生真的想要從夢中覺醒，回歸天鄉，就需培養時時儆醒的單純習慣，覺察自己心中所有的傷人念頭，以及批判和攻擊的意圖。也就是說，每當我們感到不安，或忍不住想怪罪他人、懲罰他人的罪行時，我們必先警惕，這樣做只是在懲罰自己罷了，難道我們真的想用他人作為自己拒絕進入天國的手段嗎？尤其當我們早已知道，「只有自己可以阻擋自己」。下面這段話可說一語中的：

基督就在上主祭壇等著歡迎聖子的來臨。但你
必須全面做到不再定任何人的罪才行，否則你
就會相信天門已上了鎖。（T-11.IV.6:1~2）

舉例來說，有個人正頭破血流，痛得呼天搶地，這
時，旁人告訴他，他之所以頭痛是因爲自己的頭不停地
撞牆。除非此人精神嚴重失常，否則他會立即停止撞
牆。撞牆的「因」和劇烈疼痛的「果」，兩者的因果關
係如此顯而易見，他當然會馬上停止「因」，以便除去
「果」。耶穌在《課程》一再重申同樣的道理，他要我
們了解，我們攻擊和批判的無情念頭，與我們感受到的
痛苦和不安之間有直接的關係，如同〈正文〉這段話，
他要我們「選擇」認清受苦的眞正原因：

這選擇一點也不難，只要你看清問題，便會發
覺其間的荒謬。任何人只要認出那問題對自己
有害而且不難解決，這麼簡單的事怎麼會下不
了決心？（T-27.VII.2:5~6）

問題是，我們身體和心理所經驗到的痛苦，乃是
「心靈層次的因」和「身體感受層次的果」之間的緩
衝，因之，我們難以覺察兩者的關聯性。用心理學術語

來說，攻擊的念頭（因）和我們的不安（果）之間，真正的中介變數是「咎」，它幾乎都隱藏在潛意識裡，只會偶爾穿透潛意識的防衛，浮到意識層面作祟。

攻擊念頭一生，「咎」便隨之而來，這是鐵一般的事實。在小我眼中，咎等同於罪，而「罪咎」有個特質，它會要求懲罰；這個內心的自我懲罰傾向，才是我們痛苦與不安的終極原因。前面說過，罪咎是潛意識的，正因我們無法覺知到它，才會對自己痛苦之根源一無所知：

> 但你十分肯定，在那些使你痛不欲生的各種原
> 因當中，你從不把自己的罪咎計算在內。
> （T-27.VII.7:4）

我們若認不出這個關聯性，絕對難以有效根除痛苦，於是那個被我們忽視而無法消除的因，就會繼續在幕後運作，確保它引發的苦果得以永遠存在。因此，我們若想要真正終結痛苦和煩惱，就必須練習回溯到一切痛苦的源頭。

現在，你已明明白白看到了，你（在痛苦中）是有路可退的。你只需面對問題的真相，而不是去看「你希

望它成為的樣子」。（T-27.VII.2:1~2）

總而言之，我們痛苦的原因，在於我們決定以攻擊他人作為保全潛意識罪咎的手段。我再強調一次，只要我們拒絕以愛待人，即是拒絕以愛待己，企圖鞏固我們在夢境中的身分。

最後的結語，我們與其像往常一樣引用《課程》的話，還不如借用偉大的理論家吉米蟋蟀〔譯註〕的「單純訊息」來得貼切：

如果你說不出半句好話，那就什麼都別說！

〔譯註〕迪士尼《木偶奇遇記》裡的蟋蟀。

下　篇

寬恕自己的缺陷

Forgiving Our Limitations

序

　　下篇的內容，乃根據「奇蹟課程基金會」舉辦的兩場研習，主題為「束縛的魅影」及「逆境的妙用」之講稿，經過重新編輯，更利於閱讀。與所有「實修系列」一樣，本書大致保留了現場演講的氣氛。另在編輯上，不僅將課堂中的問答納入討論，同時也採用若干新題材來闡述幾個重要觀念。一如我在本書上篇之期許「放下判斷」，願下篇的內容能進一步激發學員，更加仁慈溫柔地對待自己和弟兄，進而踏上「療癒心靈，回歸天鄉」的仁慈之旅。

　　我在此衷心向基金會出版部發行經理蘿絲瑪琍·羅薩索女士致謝，她以專業編輯的身分，一絲不苟地為我的著作品質嚴格把關，這本新書再次體現了她多年來為《奇蹟課程》及基金會竭誠奉獻的願心。

導　言

　　下篇的主題，源自〈正文〉及〈教師指南〉的兩段話：

把你的精力集中在這一願心上吧！拒絕四周**魅影**的干擾。這才是你來到世上的功課。（T-18.IV.2:4~5）

因此，不要為生活中的種種**束縛**而感到沮喪。你的任務乃是擺脫束縛，而不是逃避束縛。（M-26.4:1~2）

　　這兩段話的基本意涵頗為一致，僅在強調的重點有所不同。第一段強調「魅影」的觀念，耶穌以一貫仁慈的口吻提醒我們，不要被眼前的魅影所干擾；言下之意是說，唯有生活在世間這個教室，我們才有學習的機會，凸顯的是「學習」。第二段側重「束縛」的觀念，他同樣慈愛地指引我們，不要因生活中的種種束縛或

缺陷而沮喪；話中的含意，乃在提醒我們，縱然身處逆境，因之我們仍足以教人，凸顯的是「教人」。必須一提的是，耶穌一向強調「教與學是同一回事」，故他在〈教師指南〉開門見山就說：「教人，其實就是以身作則。」（M-in.2:1）這原本即是普世性的常識，沒有人能示範自己尚未學會的道理；一旦學會了，自然而然就懂得教人。《課程》認為「教與學」跟身體及大腦毫不相干，純粹屬於心靈的境界。這個看法不但迥異於世間一般觀念，《課程》更再三重申，上主之子的心靈本是一體，我們所學的一切是為每個人而學的，我們所教的內容也是教給所有人的。

雖然教與學是同一回事，但兩者的重點並不相同，後文會討論這一點。現在，我們先談談「活在世間這個教室，學習聖靈的寬恕課程」，最後以「我們的角色，就是充當聖靈的教學工具」為總結。可以說，整個下篇的中心主題就是小我「束縛的魅影」，它建構了人類個人和集體的思想體系，儘管如此，我們仍能將這些魅影由小我的詛咒工具轉變成聖靈的救恩途徑。

1 束縛的魅影
—— 限制那「無限之境」

　　我們若真想了解「有限」，不能不先明白它是為了反制「無限之境」而存在的，所以我們得先從「無限」談起。上主是完美的愛和一體生命，祂是圓滿及完整的永恆實存，在祂內，沒有限制這回事，亦即一絲一毫也沒有分裂、差異和分別，只有純粹而完美的愛。實相的本質（愛）是無限的、超越空間的，正如〈練習手冊〉所說：「你絕對找不到天父的盡頭以及聖子獨立出去的那一點。」（W-132.12:4）然而，分裂一旦出現，限制就形成了，因為分裂正是為了限制那無限的生命而產生的。舉例來說，我和你的關係一定受到了限制，因為我們各活各的生命，擁有個別的性格，住在各自的身體裡，尤其是因著限制，必然產生的種種需求，更凸顯了彼此的差異性。

　　換句話說，投胎爲一具身體活在世間，本來就是一種限制。根據聖靈的思想體系，幻相沒有層次之分，所以限制也沒有層次之分，這與小我的第一條無明法則「幻相有層次之分」（T-23.II.2:3）恰恰相反。幻相就是幻相，其本質都一樣；限制就是限制，無論以何種形式呈現，它所造成的束縛也全都相同。準此而言，世間萬事萬物，無論大小，都必有其限制。

　　此外，所有的限制都有其目的，不論程度大小，都是小我要達到目的不可或缺的手段，它企圖用分崩離析的個體生命世界取代無限的實相。爲此，耶穌揭露了身體在小我伎倆中的終極目的，他說：

> 正因爲身體意識的作祟，愛才好似處處受限。因身體的目的即是爲愛設限。它源自「愛是有限的」信念，**企圖限制那不可限制的愛**。不要以爲這說法只是打個比方而已，身體眞的是爲了限制「你」而形成的。（T-18.VIII.1:1~4）

　　《奇蹟課程》的一大目標，即是教我們認出一切事件背後隱藏的**目的**。如果濃縮上面引文之意，「身體正是爲了限制那不可限制的愛而形成的」，更能淋漓盡致

點出身體的目的。耶穌明明白白告訴海倫及我們每一位：「此處我不是用寓意、象徵或比喻的方式來說，而是非常明確地告訴你們，身體的確是為了限制那不可限制的而形成的。」那「不可限制的」就是指愛，換言之，身體的形成是為了限制愛。縱然如此，身體的目的仍是可以改變的：

> 身體既是為了讓人害怕而形成的，它必須恪盡其職。然而，身體原有的指令是可以改變的，只要我們願意改變身體在我們心中的目的。
>
> （W-PII.五.3:4~5）

限制之念源自心靈，根據《課程》的中心理念「觀念離不開它的源頭」，所以念頭也只存在心靈當中。雖則除了心靈之外，別無一物存在，小我卻造出身體，企圖把限制之念變成事實。身體的本質就是一種限制，比如兩個身體不能同時佔據同一個空間，這一形式凸顯出限制的意涵。我們在日常生活中，處處可看到小我的限制企圖，它會一味強調分裂及特殊性。我們常聽到祖父母逗著天真可愛的小孫子說：「你真是太可愛、太討人

喜歡了，眞恨不得把你吞下去。」當一個人墜入愛河時，也常有類似反應，想把心愛的人吞下去，把對方的天眞可愛納爲己有，成爲自己的一部分。這正是我們堅信自己對上主所做的事，我們想要吞併祂的聖愛、祂的創造權能以及生命，通通將之納爲己有。因此，耶穌才說身體是爲了限制愛而形成的；這一限制，正是企圖限制那不可限制的愛，這就是小我祕而不宣的陰謀。

海倫在筆錄〈頌禱〉之前，耶穌給過一段訊息。當時海倫向耶穌請求某一種特殊的幫助，耶穌委婉地回應了她：「這樣的要求，無異於企圖『駕馭那不可駕馭的』。」〔原註〕換句話說，海倫想要限制那不可限制的——耶穌的愛。愛會令人心生畏懼，因爲愛包容了一切，在愛內沒有特殊性或個人的獨特價値。因之，我們用來定義自身價値的一切，在愛前都顯得毫無意義。爲了應付這個莫大的威脅，我們企圖限制耶穌的愛，把它拉到自己的層次，變成有限而具體的愛。

正因我們如此熱中向聖靈提出具體的請求，耶穌乃傳給我們一段訊息，此即〈頌禱〉。他明白告訴海倫，

〔原註〕《暫別永福》P.445。

向耶穌或聖靈請求具體的幫助，等於要限制他無限的大愛（也就是我們的自性之愛）；而我們之所以企圖框住他的愛，說穿了，就是想要自己駕馭和操縱。這些具體的請求充分顯露出我們的恐懼，也等於告訴耶穌我們不想體驗他的愛，他只消告訴我們該去哪裡買東西、如何找到工作，以及如何讓身體的疾病痊癒。換言之，我們祈求這些不過是為了維繫一個有限的自我，為達此目的，不惜將耶穌無限的自性降為有限的自我。

這現象說明了，何以我們和耶穌的關係常會激起內心的罪咎和衝突，只因在某個層面，我們其實知道自己正試圖重演最初我們對造物主所施的伎倆。一點也沒錯，將耶穌無限的愛引入我們受限的幻相，然後從中操弄，恰恰反映出我們企圖操弄上主的動機。試看，從古至今，人類始終把上帝塑造成具體有形的「人物」，還塑造成能適時回應人類種種具體請求那種「形象」。

每當你情不自禁地著眼於自己的缺陷、不足或短處，比起他人的富足（財力、能力、美貌、年輕或純潔），自己顯然遜人一籌，要知道，你不過是千方百計把限制弄假成真而已。如此一來，你的人生便充滿痛苦、磨難、損失和犧牲，彷彿印證了「有人得，必有人

失」的名言。但是，耶穌明明告訴我們「沒有人會因為他人獲益而受損，這一觀念的重生正意味著救恩的來臨」及「救恩屹立於這磐石之上」（T-25.VII.12:1,7），這些提醒剛好修正了小我那一套法則，「必須有人受損，才會有人獲益」，也就是小我「非你即我，無法兩全」之知見。那套法則一旦得逞，聖子與生俱來的本性便分裂了，於是，聖子奧體變成受限的生命，不復完整、普遍、合一，而分化為五花八門的類別及陣營，諸如成者與敗者，善類及惡徒，傑出之士和平庸之輩。

對小我來說，身體最厲害的招數，就是證明「有限的愛才是真相」；由是，有限成了我們生存的現實，分裂成了我們存在的真相。我之所以再三重申這一點，實在是因為人人幾乎都屈服於有限之境的誘惑，只知聚焦在具體的限制上，如此，無異於肯定了小我的第一條無明法則「幻相有層次之分」。唯因如此，我們必須謹記在心，光是投胎為一具身體，就已經是一種束縛了，只因身體乃限制之念的魅影。我們老是覺察不到這個念頭，是因為我們覺察不到自己的心靈，只體驗到這具身體所帶來的肉體及心理感受。然而，我們在身體層面的種種作為，適足以反映出我們相信自己的心靈早作此

想。換句話說，身體所呈現的分裂、限制、判斷、追求特殊性等等的外在舉措，在在顯示出我們選擇了小我的分裂、限制、判斷、特殊性等等的思想體系。

我們若想知道自己究竟奉哪一位為師，是聖靈或小我？只需留意我們的身體「表面」在做什麼。我用「**表面**」這個詞，因為身體根本沒有「做」出任何事的能力，是心靈的選擇在「做」，身體只是心靈的投射板，心靈透過身體來反映它的選擇。因此，我們的問題絕不在身體或身體的有限性，而在於我們如何**面對**自己的種種限制。正如耶穌在前面提醒的兩段話，我們若為種種束縛而不安或懊惱，豈不正中小我下懷？它就是要將我們困鎖在失心狀態（mindless），也就是將我們困鎖在身體上頭，確保我們永遠看不到這些限制的真正肇因其實在心靈的選擇。可以說，耶穌傳授《課程》的目的所在，就是要讓我們恢復**覺心狀態**（mindful），不再陷於**失心狀態**。小我為了保護最初的有限一念，利用投射作用，打造出一個有限的世界及處處受限的身體，這一伎倆成功地使我們忘了自己（心靈的抉擇者）才是這個世界的始作俑者。如今，我們分分秒秒感受到自己這具既有限又不完美的身體，活在一個既有限又不完美的世

界，卻徹底忘了自己是怎麼落到人間的。

　　試圖讓自己的身體更好更完美，就如企圖讓世界變得更好更完美一樣，都犯了相同的錯誤，因為身體和世界形成的目的，就是意圖將完美的生命變得不完美，將無限之境框圍在限制之念。由此可知，除非改變世界的肇因，也就是改變「心靈認同了小我而非聖靈」的這一決定，否則，我們為改善身體和世界所作的一切努力，都會徒勞無功，就算略有成效，也會瞬時消失，只因我們並未化解真正的罪咎之源，它才是一切不完美及限制的肇因。容我再說一次，《奇蹟課程》的目的，乃是引導我們回到一切限制的源頭，唯有在那兒，我們才能作出不同的選擇，聆聽為無限生命代言的聖靈之音，不再認同處處為有限世界撐腰的小我之聲。

　　如前所說，我們若想改變身體或世界，恰恰中了小我的詭計。很清楚，若非我認定自己的身體或世界確有修補的必要，否則我怎會企圖修補它？一個不完美及處處受限的世界，全然反映出背後那個想要不完美及受限制的念頭──毋庸置疑，這正中了小我下懷，因為不完美的世界在小我扭曲的眼光中，簡直完美至極，完全契中它的心意。整個三千大千世界不僅反映出小我心目中

的不完美，更保全它想要不完美的初衷。由是，我們不只忘了是自己造出這個世界，還認為世界與自己的心靈絲毫無關。想一想，有生以來，我們在自覺或不自覺中所學到、所相信，以及所經驗到的一切，有哪一樣離得開自己所投生的世界？在這種巨大的幻覺中，我們不但認為世界在我們出生之前就已形成，而且於我們死後它仍會繼續存在。這些觀念實在荒誕無比！世界根本是我們心靈中的抉擇者營造出來的，它一刻都不曾離開過它的根源 —— 我們的集體心靈。

確實如此，若不改變世界存在的背後目的，只企圖改變它的魅影，汲汲營營一輩子，終究不過是用另一個影子取代原來的影子罷了；至於影子的源頭，也就是決定活得不完美且寧可受限的心靈，則依然故我，甚至益發冥頑。因此，〈正文〉指出我們根深柢固的錯誤，就是把身體弄假成真，且進一步以它作為判斷的根據：

> 身體完全不知道你究竟在痛恨、害怕、嫌惡或渴望什麼。你派它去尋找分裂，它就分裂了。你為此恨它，你痛恨的其實不是它，而是你指派給它的用途。你因著它的所見所聞而畏縮，然後又恨它如此卑微脆弱。你鄙視它的所作所

爲，而非你自己的作爲。它只是爲你而看，爲
你而行。它聽從你的聲音。是你要它變得脆弱
卑微的。表面上看來是它在懲罰你，你理當痛
恨它加之於你的種種限制。然而，是你把身體
當成自己有限的象徵，你要心靈接受身體所受
到與所看見的那些限制。（T-28.VI.3）

耶穌有心幫助我們了解，我們若將外在種種限制交
給他，他便能賦予它們不同的目的。小我利用有限和
不完美的世界及身體，防止我們的心思回轉到心靈上
頭；耶穌則指點我們如何利用世界及身體來回歸心靈，
聆聽爲無限生命代言的聖靈之音，不再聽信小我的有限
觀點。這就是前面所說的，由**失心**轉變成**覺心**的歷程。
爲此，耶穌語重心長地提醒我們：「拒絕四周魅影的干
擾。這才是你來到世上的功課。」你若爲魅影（包括自
己的缺點、不足、疾病，及過去遭受的虐待或傷害）而
感到沮喪，表示你已經把魅影弄假成眞了。

所謂求助於耶穌，在《課程》中只有「一個」意
義，就是請他幫你看出，你所經歷的一切全都是魅影。
一個神智正常的人不可能試圖改變影子，因爲他明白影
子本即虛無。你若走出戶外看到影子，你知道它並非實

體，會出現影子只因為光被遮住，它本身並不存在。換句話說，心靈的魅影會出現，是因為我們選擇背向聖靈之光。耶穌要我們看清，所有使我們困擾、不安或沮喪的一切，大自全球危機，小至個人瑣事，全都是心靈決定遠離光明而產生的魅影，絕無例外。也因此，我們該改變的是自己心靈的決定，而不是那些魅影。

柏拉圖在兩千五百年前就闡明了這一真理，但世界並未接受他的學說，至今猶然。《奇蹟課程》再次為我們解說影子與真相的差別、表相與事實之不同，堪稱現代版的柏拉圖哲學。在大師著名的「洞穴寓言」中，洞穴內的囚犯被鍊子鎖住，背對洞口，只能看到洞穴後方的牆面。由於綁得很緊，無法轉身，眼睛只能盯著牆面，完全看不到洞口。陽光從他們背後照射進來，映出洞口外往來路人的身影，囚犯也只看得到路人映在他們前方牆面上的影子，便以為眼睛看到的一切就是真相，因而拒絕接受洞外真人實物之事實。耶穌進一步延伸了柏拉圖的寓言，教我們不要被影子干擾，否則徒然賦予影子本身所沒有的力量及真實性。

我們一旦為世事煩惱，無異於讓影子干擾了自己的平安，不論事情在我們心目中多大或多小，比如股價跌

了多少，心愛的人罹患癌症，或是支持的球隊吃了敗仗等等。只要事件干擾或威脅到心中的平安，我們就已落入小我的圈套，備受魅影蒙蔽。

我們的身體被打造得非常敏感，不論是生理或心理，任何刺激都會激起我們的反應，猶如隨影子起舞而煞有其事。儘管身體學會了如何回應體內和周遭所有狀況，只要你的心與耶穌結合，超越戰場之上而向下俯看，就會明白身體不過是個影子，隨著其他影子一同起舞，都在以幻治幻，其實什麼事也沒發生。耶穌在《奇蹟課程》中故意反問：「思想豈不是萬分危險的東西？」他隨之自問自答：「對身體而言，確實如此。」（T-21.VIII.1:1~2）是的，一旦認同了身體，周遭的一切波動，別人有何想法、如何作為，莫不影響到自己。他人的限制也一樣會加深我自身的束縛，換句話說，他人的形體所呈現的小我缺陷，必會勾起我的小我不完美的反應。問題不在於對方以何種形式呈現他的缺陷，而在於我們的心靈早已認同了小我而非聖靈，表示我們認同了「有限的愛」，尚未覺醒於「無限大愛」之真相。

每當你忍不住為世事煩惱，不妨提醒自己，別為具體的事件苦惱。你真正該煩惱的，是你仍淪落人間，或

說你認爲自己眞的活在人間，因爲那才是有限生命的原始肇因，它代表心靈寧可選擇活在處處受縛的噩夢裡，一點也不想覺醒於無限的實相。除非我們開始懂得「爲活在人間苦惱」，表示我們的焦點已轉向心靈，它才是抉擇力量之所在，唯有在這一層面我們才大有可爲。

前面提到，限制和束縛有其正面功用，能幫我們從失心狀態回轉到覺心狀態。只因一個人處在「覺」中（也就是認同「心靈即一切」之時），便回到了抉擇者的身分，他能看清選擇活在限制中的慘狀，了知自己其實大可選擇活在無限中。這是一個重大關鍵，我們必須學會由世間的經驗看出自己的心靈究竟選擇了什麼。試看，我們所造出的身體有缺陷，會生病，且日漸衰老；我們所造出的世界不完美而令人難以堪忍，舉凡人際關係、政府領導人、機器設備和氣候變化等等，樣樣都朝不保夕。說更直接一點，我們所造出的一切註定會辜負自己的期望，讓我們深信問題都出在「外面」，且亟需我們的關注和解決。從古至今，人類投注了多少輩子，努力讓不完美的事物變得完美，恐怖的轉成美好的，有限的變成無限的，結果仍是一敗塗地。這也是何以然今日的世界並沒有比兩千五百年前，或兩萬五千年前，甚

至兩千五百萬年前的世界更美好。只因魅影的形式可能
千變萬化，但它的肇因依舊不變，甚至愈演愈烈，直到
我們轉回心靈，作出另一個選擇，世界才可能從此柳暗
花明。

　　愛比克泰德（Epictetus）是頗具影響力的希臘哲學
家，生於一世紀的羅馬，奉行斯多葛學派（Stoicism）
學說，該學派於西元前四世紀由芝諾（Zeno）所創。
若從《奇蹟課程》的角度來看愛比克泰德的學說，你會
被他的智慧震撼不已。愛比克泰德詮釋斯多葛哲學，強
調我們無法改變世界，只能改變我們回應世界的方式。
另有若干希臘哲學家的見解也相仿，例如德謨克利特
（Democritus），主張世界由原子組成，這些原子最初
流經一個虛空的宇宙，而灑落的原子最終呈現的形式就
是我們所認識的物質宇宙，更具體的說，就是充滿個別
形體的世界；大自然是原子的偶然結合，並無固定的法
則，我們根本無法左右這些原子如何落下、如何組合。

　　根據這種認知，愛比克泰德勸誡世人：世界本即如
此，唯智者能面對現實、接受自己，深知世事無可得意
也無需消沉；任何身分地位皆然，無高下之分，無尊卑
之別。愛比克泰德有一段廣為人知的故事，鮮活地表達

出他的信念。當他還是奴隸時，腳被主人打斷了，他只是就事論事，不帶絲毫情緒地跟主人說：「我提醒過你，如果你太用力扭曲我的腿，它就會斷掉。」如此而已。

再比如說，如果某人偷了你的東西，你就八成要不回那個東西了，這是一個你完全無法掌控的狀況；然而，你可以控制的是，如何解讀並回應這個現實。這就是愛比克泰德主張的「活出有品德的人生」，也就是有節制的生活。事實上，節制或說中庸之道，正是當時盛行於希臘的座右銘：不要讓自己過度高興或悲傷，因兩者皆為極端。愛氏要我們深切體認，活在人間的唯一意義，端看一個人是否能活出德性，因它屬於人的內在生命，也是我們唯一能真正掌控的。可以說，愛比克泰德學說的重點，就是學習控制自己回應世界的方式，由之，才可能讓我們的內心重獲自由，即使我們控制不了周遭事物也全然無礙。

《奇蹟課程》有一個觀點，是愛比克泰德的學說所闕如的，那就是：恐怖之事必然發生，因為世界本是源自一個恐怖的念頭──*世界是為了攻擊上主而形成的*（W-PII.三.2:1）。世界註定如此，只因它源自分裂之

念：「無限的愛及完美生命還不夠，我要更多，我要上主不肯給我的特殊之愛，以及對我個別的關注。」換句話說，我們要的是特殊性而非真愛，要的是分裂而非一體。我們告訴上主，祂的愛還不夠，這就是我們最初對上主發動的攻擊。

上文說過，「觀念離不開它的源頭」，有限的物質世界存心為愛設限，這一念未曾離開過心靈這個源頭，它還留在小我認定「愛是限制」的思維中。也因此，世界必然是恐怖之地，成了小我恐怖思維的魅影。耶穌勸勉我們不要定睛在那些魅影，如果我們受它干擾，只有一個原因，就是我們相信自己真的被那些魅影所囚禁，而且認為那些魅影會危及我們的福祉，傷害我們，使我們無法做自己想做的事，甚至逼我們做自己不願做的事。倘若這個觀點是真的，小我看待身體和世界的心態就顯得十足合情合理了。

然而，只要我們願意求教於這位新導師，了解身體和世界僅僅是一種表徵和魅影，進而看清問題真正的癥結——我們把小我當成了自己，又把自我設限的念頭投射到身體與世界。能夠如此認清，整個世界和人生就會大為改觀。我們會將萬事萬物當成人生的教室，矢志學

習唯一的課程，也就是正念中的人必修之課題。世間種種都是心的選擇，它決心活成有限的小我，而不是上主所創造的無限自性；有形世界或身體的缺陷、弱點、不足等等，其實是不可能改變的，唯一能改變的，只有自己的看法。

小我的眼光會把魅影當真，讓人沮喪、不安、絕望、狂喜或竊喜——尤其當我們發現他人的缺點時，會比發現自己的不足更容易有此一反應。若是透過耶穌的眼光來看，我們會把每件事都看成學習的課堂，自然心存感激，因為我們明白，任何事都能轉為助緣，幫助我們看到自己的心靈選擇了限制。接下來，我們會試著用同樣的眼光來看待所有的事物，不論是瘀傷或癌症，輕障或重殘，全都試著一視同仁，將它們視為僅僅只是一種限制，而且也認清自己的心靈已認同了小我而非聖靈。這種全新的眼光，正是耶穌論及魅影那段話所指的「願心」：

> 不要信任自己的善意。僅憑善意是不夠的。不論什麼事情，什麼場合，唯一值得信任的唯有你的願心。把你的精力集中在這一願心上吧！拒絕四周魅影的干擾。這才是你來到世上的功

課。如果你這一生不需經歷那些魅影的糾纏，表示你也無需神聖一刻。（T-18.IV.2:1~6）

需要留意的一點，人們的善意往往出自小我，想要幫助他人，做一些自認為有意義和神聖的事。唯因如此，耶穌才會教我們認清，這種所謂的「善意」，其動機根本不堪一擊。他所期待的「願心」，是指我們願意求教於他而非小我的決定，**這**才是重點，絕非我們認為自己該做什麼來改善世界或幫助他人。進一步說，閱讀和研究《課程》並不是學習的核心，重要的是這個小小的願心，願意操練所讀到的內容，請求耶穌幫助我們活出他的教誨。這意味著抉擇之心中出現了一點願望，願意開始質疑小我要我們當真的那個有限的外在世界及內在的魅影糾纏。耶穌說，如果你這一生完全不需經歷那些魅影的糾纏，表示你無需神聖一刻或奇蹟，無需寬恕或《課程》，也不需要他作我們的導師了。耶穌之所以這麼說，顯然是在提醒我們的正念之心——「這才是你來到世上的功課」，亦即向不同的導師學習不一樣課程的這個願心。

在此一願心之中，我們所經驗到的魅影、缺陷，以及身心的種種障礙，都會成為耶穌的教學內容，他會用

這些教材來教我們如何以不一樣的眼光看待這些限制。所謂「不一樣的眼光」，即是寬恕之意。我們若因魅影而感到不安或興奮，表示我們已把魅影當真且拜小我為師了。但如果我們選擇了耶穌的教誨，心靈必會隨之改變，因他會教我們看清種種的限制都不過是魅影罷了，包括我們所認同的特殊自我在內。明白了這個道理，我們就不會認為對自己或他人所起的煩惱是理所當然的 —— 老實說，那簡直是有辱耶穌的教誨。話說回來，小我必會極力慫恿並說服我們接受魅影的擺佈，收回小小的願心，這樣我們才會投奔它：「我還是比較喜歡你和你所教的那一套。」這令人想起我們在天人分裂之初對上主所說的話：「我不喜歡祢的方式，也不喜歡祢那種愛，所以我要發明一種不一樣的愛。」就在那一刻，我們取代了上主，登上創造者的寶座。結果，小我變成了自己，成為我們的新造物主，也就是〈正文〉前幾章所提到的「妄造者」（miscreator）。

我們用小我取代耶穌為師，等於重演了天人分裂之初我們用小我取代上主而離開聖愛那一幕。這就是為何我們對耶穌和聖靈會有那麼深的罪咎感，因為我們對祂們的作為**正是**我們認為自己對上主所幹的好事。準此而

言，你若允許自己（我刻意說「允許」）為人間瑣事生氣，不論是個人或公眾的事，表示你已經背棄了耶穌；但如果你意識到自己又為人間事沮喪而馬上求助，你便又回到聖靈之內了。簡言之，小我用來責罰你或他人的魅影，反而成了耶穌最好的教材，讓我們明白「那些限制純屬於心靈層次」，這才是修行的下手處。

〈正文〉二十五章第六節「特殊的任務」有一句話：「（聖靈）會用你所造的一切來發揮療癒的功能，不再傷人。」（T-25.VI.4:1）意思是說，我們造出受限的身體及不完美的人格，本想向上主證明這些缺憾不是我們自己選的，是別人造成的；但我們若願意向耶穌求助，這些限制立即轉為他的教材，他會用我們所造的身體及人格作為教學工具，讓我們明白，我們受到的限制或束縛，並非來自我們自己的人格、身體或能力，而是來自存心取代基督自性的那個**「自我」**。請記住，每當我們忍不住把自我設限的錯誤看得嚴重無比時，耶穌會溫柔地引領我們面對設限的心靈，幫助我們看清自己何以然會那樣。

我們一生都在設法彌補「選擇有限之我」的那個原始妄念，而我們之所以如此內疚，全因我們當初存心以

此來打擊上主；我們自知誤用了心靈的力量，遂暗自為此罪而詛咒自己。但如同老話說的，「每個人都在同一條船上」，正因我們是以一體心靈作出那一選擇的，故人人都有份的這一過錯及罪咎感，最後都可歸諸一個念頭：「我篡奪了心靈的力量，不甘成為上主全能天心的一部分。一體的心靈本是不可分割的，且永恆如是，我卻用心靈力量硬生生與上主分裂，使上主的天心顯得一無所用且一無所能，甚至不復存在。」換言之，我們造出一個有限的自我，不僅用它來取代無限的生命，甚至還用它來否定實相；而為了應付妄用心靈所衍生的強烈罪咎感，上上之策，就是投射到一個有限的身體、自我和世界，好讓自己脫罪。

　　海倫・舒曼從事心理專業的生涯裡，曾參與弱智兒童的診療，那是她最喜愛的領域。在筆錄《奇蹟課程》早期的手稿中，耶穌曾告訴海倫天生智障的成因，藉此幫助海倫了解他所要傳授的《課程》。他說，那些選擇智障的人，其實是想要壓制自己過強的意志力。意思是，那些生命先指控自己的心靈罪孽深重，但又自覺無所不能，恐釀大禍，最後唯有「自我設限」一途。這表示他們把錯誤當真，並且為了彌補這個錯誤，故意讓自

己嚴重受限，形成了所謂的心智障礙。

可以說，沒有人真正了解智障，或真正了解任何心理及身體疾病的肇因。研究人員不斷從外在尋找導致身心障礙的原因，如基因、化學物質失衡、環境因素，或親子關係等等，試圖揭開所有不健全的謎團，就是不敢去碰心靈所作的決定。然而，唯有在心靈層次，我們才能夠找到真正的殘障之因，也才有修正的機會。其實，任何身心的缺陷都是同一回事，都是用來制止自己誤用心靈的力量而犯罪。作此選擇之人，只是為了要防範自己因無所不能而遭到指控，並以此保護自己和他人免於被自己所傷，或被自己盜竊、吞併、強暴、虐待傾向等等所禍及，最終，他們成了人間無知無能的受害者。也就是說，他們是故意讓自己受到限制，使自己完全無法再度妄用那有罪的心靈力量的。

耶穌其實有意讓海倫舉一反三，原來我們帶著缺陷和限制來投生人間是有其目的的，就是要藉此告訴上主：「不要指控我是侵略者、罪人或殺人犯！祢瞧，我這麼脆弱、殘障，而且無能，怎麼可能竊取或糟蹋祢的聖愛呢？說真的，我哪有本事摧毀天堂？看看我，連二加二都不會算，一字都不識；我不會繫鞋帶，也不會開

車，更別提保住一份工作、建立幸福的人際關係了。」
難怪我們都有不會做的事，或無法把事做好。容我再強
調一次，背後的目的才是一切的肇因，我們選擇充滿缺
陷的有限生命，目的無非要證明這些限制以及構成限制
的念頭都是真的，而且，通通不是我們的錯。

因此，我們若為自身的缺陷而煩惱，或批判他人的
缺點，都會阻礙自己的療癒過程，使我們無法回到心靈
的源頭。只要我們認為問題是出在身體（不管是自己或
他人的身體，是發生在周遭或世上任何地方），等於是
在告訴耶穌，我們對他的教誨不感興趣，小我的課程更
吸引人，因它告訴我們：「受限的世界真實無比，不是
魅影，而是真相；問題**不在**你心內，而在外面，正等著
你去解決呢！」

我們必須認清，將自己囚禁在受限的世界及有缺陷
的身體，目的其實是把罪轉嫁給他人，以便證明自己無
辜。如此捨本逐末，捨棄心靈的力量來解決問題，根本
是下下之策，耶穌鐵定不會向海倫推薦這個方法的。用
這種方式解決問題只是把錯誤弄假成真而已，不但認定
自己犯了罪，還認為這罪千真萬確──請瞧瞧，現在我
確信自己不會再妄用這力量了，看看我這殘障的身體，

一無是處又一無所能，這正是鐵證！

正因如此，耶穌為我們指出真正有效的方法，就是打從心底認出：「我不過犯了一個錯誤而已，跟大家所犯的錯誤一樣，現在有一個更好的方法來修正這錯誤。比如說，一個人可能投生世間時擁有強大的心靈力量（其實你我都擁有強大的心靈力量），但不必限制它，而是去經驗心靈本有的能力和智慧，利用這個機會學習不再妄用它自身的力量，試著用它來助人，而非攻擊、虐待或利用他人，這才是用正念來處理問題的唯一途徑。」如此一來，人間所有的限制都可轉為快樂的學習課堂，而不會變成囚禁我們的痛苦牢房。

如前所言，耶穌所舉的智障之因，可以套用於人間**所有的**遭遇或處境。只因我們選擇目前的身心狀態，其實都是別有居心的。心靈既然已經一分為二，目的也有兩層：一是代表妄念的小我，希望上主之子保持**失心狀態**，繼續相信分裂的罪念已成定局；其二則是代表正念的聖靈，祂要修正這個錯誤，恢復聖子心靈的覺知，讓他在平日保持**覺心狀態**，時時將身體的感受及反應帶回到心靈的源頭。是的，只要遵循這位導師的思維，我們就能越過對身體表相（**形式**）的判斷，直視背後的心靈

（內涵）。

綜結來說，《課程》比愛比克泰德的學說更進一步啓發我們：雖然我們造出這個令自己失心的無明世界，我們仍可充分利用它來回歸心靈，正視自己「存心要不完美」的那個抉擇。既然我們改變不了世界，又何需枉費功夫；既然我們可以改變魅影的**源頭**（即心靈決定遠離光照），又何必與魅影糾纏？〈正文〉導言這一句話可以如此改寫：「本課程的宗旨並非教你愛或光的真諦，它旨在清除使你感受不到愛和光的那些障礙。」（T-in.1:6~7）沒有錯，阻礙我們感受到光和愛的元凶，就是心靈選擇了限制而捨棄無限。如今，我們把受限的世界及魅影當成溯本歸源的助緣，誠實面對自己「選擇了有限生命而非無限的愛」這一決定。最後，我們可以這樣來總結《課程》的主旨：它提供我們一位聖師，幫助我們用「不評判」的眼光來看待我們的種種限制。

放下判斷

放下判斷始終是《課程》的核心觀念，這個觀念可

說涵蓋了整個聖靈的思想體系。要知道，每當一個人刻意強調自己的限度，或試圖指出他人的不足來掩飾自己的缺陷，此時，他就已經落入了判斷。更常見的是，動輒強調聖子奧體表面的差異，並且把它們當真，進而認為自己的判斷乃理所當然。凡此，皆屬於分裂聖子奧體之舉，都是在鞏固小我的勢力，讓自己永無脫身之日。在這種習焉不察的過程中，人們勢必會相互比較，其目的即在於凸顯彼此的有限性。看吧，別人總是比自己更聰明、更能幹、更美麗、更英俊，或者，總有比自己更優秀的學生、更傑出的運動員，諸如此類，真可謂無所不比。然而，只要我們拿自己與他人「相比」，無論孰優孰劣，都等於在說上主的聖愛不是唯一且完整的，這正與我們最初對上主及聖子的判斷如出一轍。

歸根究柢，所有的比較，無非是存心限制那無限的愛，為此，耶穌兩次特別提到「愛是從不比較的」（T-24.II.1:1；W-195.4:2）。只因比較不僅會強化「彼此及天人分裂」的幻相，還會進一步鞏固有限的觀念。當我們在作比較時，必然會厚此薄彼，而這正是「特殊之愛」的標誌：我愛某些人，因為他們比其他人更好，意思是，對我更有好處，更能滿足我的特殊需求；我之所

以愛這人勝過那人，正因他能回報我特殊的愛。這種相互比較的心態，隱含著我們對「沒有限制、缺點和不足」的人生充滿了憧憬，換句話說，冥冥中感到自己不該是眼前這副模樣。這樣的判斷必然隱藏了攻擊的念頭：都是某某人或某件事使我變成這樣的；若非我的父母、基因，就是這個世界或上帝，反正都是外在某個因素造成我現在這副德行的。

同理，「此生有涯」之感，隱藏了一個很深的判斷，這是因為有限生命之形成緣起於一個判斷，也就是我們曾對上主說的：「祢的無限本質及完美聖愛對我還不夠，所以我要離開祢的天堂，打造自己的世界。」於是乎，這個世界絕對不能完美，也不能無限或充滿愛，唯其如此，我才能與上主劃清界線。可以說，人們在世間所經驗到的愛，都建立於外在的條件，那才是小我心目中的愛。至於小我心目中的自由，不外乎擺脫身體的束縛，或任何約束身體的枷鎖。然而，這種自由感極其虛幻，因它必須仰賴外在的條件；反之，真實的自由則源自無限的愛，它是一種心靈全然的自在，跟身體或世界毫無瓜葛。

人們永遠無法藉由改變外在環境來獲得真正的自

由，唯有捫心自問：「如果我的不足或缺陷不是**你**造成
的，那又是誰呢？」只不過，我們從來不敢如此質問自
己。試想，如果我們這群一敗塗地、可憐無用的人類並
不是世界造成的，那麼，這個罪魁禍首，除了**自己**，還
會有誰！這裡的**自己**，當然不是指身體這個小我的「夢
中英雄」（T-27.VIII），而是作此選擇的心靈。《奇蹟課
程》點醒我們，小我總是先聲奪人，它的決定一向錯誤
百出，唯有聖靈的答覆才真實不虛（T-5.VI.3~4）。我們
蓄意讓自己變得不完美、有缺陷，並且備受束縛，正是
為了指控別人（任何人都行）：「都是你害的！弟兄，
你瞧，我之所以充滿缺陷，欲振乏力，甚至一敗塗地，
全都是你一手造成的，不是我的錯。」我們寄望此舉可
以推卸謀殺之責，其實，最初就是因為謀殺之念，才使
我們走上了有限生命之路。我們相信自己（唯一的聖
子）已經謀殺了上主，摧毀了天堂，吞噬了本不屬於自
己的創造大能（也就是造出永恆生命，建立了靈性宇
宙，洋溢著完美的愛之創造力）。我們企圖把這力量納
為己有，不惜犧牲上主來篡奪祂的一切，這就是罪咎的
起源，也是我們自認罪孽深重之肇因。

　　我們極力要擺脫罪咎，卻絲毫不明白「其實什麼事

也沒發生」（這正是耶穌一再向我們保證的）。因之，小我營造出一個充滿了形體的世界，好讓我們可以投射罪咎，且理直氣壯地說：「不是我自己要活得如此狼狽不堪、欲振乏力，是**你**害的。我的限度、缺失和弱點，在在證明你幹的好事。」這恰恰落入了小我的圈套，以至於我們再也覺察不到這全是咎由自取。只要我們向人伸出控訴的指頭，就可宣稱自己無辜，再藉用自己的缺陷和障礙，把小我的戲碼演得活靈活現，而且，還一定要標舉一句：「這一切絕不是我的錯！」正因如此，我們若非老盯著自己的缺陷及障礙不放，就是專挑他人的毛病，或暗地揭發世人的罪過，上至當代領導人，下至地方建設，沒有一件事看得順眼。最讓自己樂此不疲的，莫過於挑剔自身的毛病。也因此，我們才會造出這樣的人生夢境，身體不只充滿缺陷，還會生病、老化及衰退，最後整個停擺。

眾所周知，人們都愛相互訴苦，對家人、朋友、同事，甚至陌生人也不放過，反覆抱怨自己的身體如何如何不爭氣，經常睡不好、吃不下、消化不良、排泄不順等，看看別人好似都沒問題，自己卻全身不對勁。我們老是看不慣個人及社會有目共睹的缺失，一打開報紙，

一收聽新聞，滿眼滿耳都是針對某人某事的批判責怪。於是，我們打從心裡嘀咕：「這世界簡直太不上道了，它應該這樣那樣才對……。」老實說，這種分別比較的心態，不過是想掩飾自己在世間所有作爲背後的攻擊意圖罷了。容我再說一次，這種比較或評判，無非是要他人爲我們的不善以及世間的缺憾負責而已。

無怪乎，整個世界成了我們推卸責任的巨大藉口，我們卻覺察不到**自己**「心中的抉擇者」才是始作俑者。〈正文〉有一段話說：「*救恩的秘訣即在於此：你所做的一切全都是對你自己做的。*」（T-27.VIII.10:1）不是世界自我設限，而是我們的心靈，是它否定了自己原有的力量而選擇一個有限生命。正因如此，愛比克泰德才說：「*你無法改變世界，但絕對可以改變自己回應世界的方式。*」在這位智者的心目中，有德行的人必定能用不一樣的眼光來看事情，他們不會讓世界左右自己的心境。正如同耶穌在《課程》所提過的觀念，我們才是宇宙的主人（W-253）。是的，我們雖無法改變物質宇宙，但是我們可以改變如何看待世界的方式。他在〈正文〉二十一章也說：「*爲此，不要設法去改變世界，而應決心改變你對世界的看法。*」（T-21.in.1:7）

　　世界不過是我們的思維投射出來的，我們絕對**能夠**在自己的想法上下點工夫，作出不一樣的選擇。我的宇宙完全操之在己，除非我們將自己的權柄拱手讓人，否則沒有人控制得了我們。就算我賦予你或任何人這一能力，也是**我給出的**，意思是，我仍舊擁有這一能力。即使我無法掌控你的身體與作為，但是我有能力決定如何回應你。你的身體也許可以對我的身體做出種種舉措，但是你無法左右我的心靈。有能力作此決定的，也唯獨我，不是上主、聖靈、耶穌或小我，主權依舊屬於能作抉擇的那一部分心靈，這正是耶穌一再提醒我們始終擁有的那個力量。容我再說一次，當我們被有限的自身或世界那個魅影搞得心煩意亂時，表示我們已經把力量拱手讓給他人或外境了。

　　正因我們自己選擇了有限的生命，故也唯有自己能夠解除這些限制。只要我們一天不作出這一選擇，我們就一天困鎖在世界的牢籠，直到我們作出正確的選擇為止。世界在妄心的眼中確實**有如**一所監獄，身體則是不折不扣的小型監牢，鐵窗一般地限制著你的活動。但是，只有在我們認為自己是一具身體時，身體才會成為枷鎖。我們若自甘充當囚犯，當然會受鐵窗的限制而無

法自由出入，這乃是人間現實的最佳寫照。猶如死亡集
中營裡的囚犯一般，被獄警緊緊盯住，對外在的處境一
無所能。然而，他們的心靈並不受警衛或鐵窗的囚禁，
也不受有限且日漸衰頹的身體所圍。

　　確實如此，生病的器官、病態的社會，乃至於混亂
的政治情勢，沒有一種壓制得了心靈，它們只束縛得了
身體。即使基因造出形形色色的身體，健康或不健康，
陽剛或陰柔，高或矮，黑或白，棕色或藍色眼珠……，
種種的表相對心靈而言毫無差別。反之，倘若心靈認同
了身體，其差別就有如天淵了，也難怪人們會處心積慮
改變身體，讓自己更強壯、更年輕、更成熟、更健康、
更美麗、更苗條或更豐滿。一旦認同了物質世界，這些
舉措就顯得天經地義；同樣的，人們一心一意去改善世
界，箇中緣由，也殊無二致。然而，只要我們能真正認
同心靈，人生的歸趣就會大為改觀，只因我們唯一要改
變的其實是自己的「思維方式」。這個改變最顯著的里
程碑，就是「不批判」的心態——改變內在心態來接受
外在的現實。唯有如此，苦澀的人間才會在我們這位導
師仁慈而溫柔的愛中，轉化為一個甜美的世界。

2 逆境也能妙用

　　我們的老師耶穌教導我們換一種眼光來看待身體、看待世界種種的限制，將它們由囚禁我們的監獄轉變為學習的課堂。因此，本章從莎士比亞早期的喜劇《皆大歡喜》（*As You Like It*）的詩句擷取靈感，並以其中一句「逆境也能妙用」作為本章標題。這首詩描述一位公爵被放逐到森林的觸感。公爵的領土被親弟弟不擇手段侵佔了，但他並不為之喪氣或絕望，反而發現放逐的生活並非想像中那麼糟，至少，他無需再去應付宮廷生活的繁文縟節。公爵這麼說：

逆境也能妙用；

⋯⋯⋯⋯⋯⋯

我們在此生活，

遠離塵囂紛擾，

聆聽草木低語；

溪水自成文章，

山巖發人省思，

美善無所不在

——我不欲改變此般生活。

一位跟隨他的貴族回應：

殿下真是幸福，

能將命運的頑逆轉化得

如此恬靜而美妙。

（第二幕，第一場）

這樣的觸感充滿了仁慈，足以療癒人心，讓我想到
〈正文〉最後一章的一段話，恰與此詩之意境相互呼
應，耶穌說：

考驗不過是你過去尚未學會的人生課題再度出
現於你眼前，讓你在過去選錯之處作出更好
的選擇，擺脫往昔錯誤帶給你的痛苦。（T-31.
VIII.3:1）

有一點值得注意，莎士比亞並沒有說「逆境多麼美
妙」，而是「逆境也能**妙用**」。《奇蹟課程》的觀點亦
然，耶穌從未說過世界是一個美好的地方，事實上，他

所描述的世界正好相反，人類的家園淒涼無比，可別試
圖用糖衣或美好的外表來粉飾它。耶穌向我們揭露，世
界的真面目純是為了攻擊上主而形成的（W-PII.三.2:1）。
固然，世界雖是由痛苦和死亡之念投射成的地獄，我們
仍可加以善用，達成不同的人生目的。如此一轉，就把
小我用來束縛我們的監獄，轉變成耶穌的課堂，傳授快
樂的寬恕課程，這才是真正「美妙」之處。難怪那位公
爵的隨從會說，他的主人是幸福的，因為他「能將命運
的頑逆轉化得如此恬靜而美妙」。

我要說的重點是，一旦我們尊耶穌或聖靈為師，
活在正念中，就自然會以「接納一切」作為生活的準
則——接受世界的現狀，不再試圖改變我們此生的種種
限度。在座各位若想在靈修之路有所長進，絕對不可輕
忽這一關鍵，否則必有後遺。耶穌在〈正文〉提到「小
我善於分析；聖靈只是接納」（T-11.V.13:1）。小我造出
大腦來充當身體的主宰，人們認為大腦具有分析的功
能，說穿了，其實是我們的信念在思考、推論及理解
的。它會採信感官所蒐集的資料（請注意，這些資料都
是小我預先設限，要感官去蒐集回報的），然後綜合這
些資料得出一個自認為合理的結論，瘋狂的是，我們每

每依據這一結論採取行動。簡言之，我們其實接收了虛幻的資訊，據之作出虛幻的詮釋，然後信以為真，甚至還以它作為我們答覆及回應的依據。

與小我截然相反的，聖靈從不分析，只是接受事實。祂為我們轉譯所有人生經驗，教導我們接納幻相世界的唯一事實，此即「世間無一物能帶給我們喜悅或痛苦、快樂或悲傷」。在我們認清此一事實之前，絕不能掩面不看世界的恐怖：原來如此，我們生活在此乃是為了實現心靈一個可怕的陰謀——利用特殊關係中的種種條件來限制真愛。可以說，世界唯一且最大的價值，就是具體演出我們心中隱藏的念頭；而有待修正及療癒的，正是心靈「認同小我而非聖靈」那個錯誤決定，它是一切罪咎及恐懼的根源。只要我們透過耶穌的眼光，好好正視這個**失心**的世界，就會看清那個錯誤決定。唯有如此，我們方能**「覺心」**而重新選擇。

這個修正的眼光，即是《課程》所講的「投射形成知見」這一重要原則。毋庸置疑，了解「投射」，本是操練《奇蹟》理念的基本功夫，〈正文〉通篇都在談投射，〈練習手冊〉的前幾課講得更是具體。投射，就是小我相信「觀念可以離開它的源頭」；聖靈的修正方

式，則是用「觀念離不開它的源頭」來瓦解小我整個的運作模式，讓我們看清，我們於外在世界所看到的一切完全源自我們的內在。這裡所說的「內在」，並非指難以捉摸的靈魂或頭腦，而是心靈。此刻，諸位不妨回顧一下前面提過的觀念，我們若要了解自己的心靈內涵，只需留意身體經驗到什麼，比如說，我對某個新聞節目、某種處境或某個人的感受是什麼？那些感受其實都是我心中種種不完美和限制所投射出來的。只要失落了平安，就表示我們已經選擇了小我。《課程》不僅幫我們明白自己的選擇，還讓我們徹底了解**何以然**我們會這樣做——我們並不真心想要平安，因為若無衝突，我又何從控訴自己遭到不公待遇？

如今，世界可以轉為意義重大的人生教室，這並非基於世界本身的價值。不，它一點價值也沒有，它不過是讓我們看到自己心靈作了什麼選擇的唯一下手處，僅此而已。但話說回來，不管是個人或集體的世界，接受這個充滿束縛與缺陷的世界卻攸關重大，因為我們可以和莎翁筆下的公爵一樣，接受「命運的頑逆」，並將之轉換為一個恬靜而美妙的目的；普世之中，最恬靜美妙之事，莫過於寬恕了。

　　我們的缺陷所造成的困境，純粹肇因於自己存心抵制上主之子原有的平安幸福；而那些逆境之所以能妙用，就是讓我們有機會正視自己所選擇的限制，然後重新作個選擇。但請注意，所謂「重新選擇」，並非試圖改變身體或外在的處境，而是改變我們賦予身體和處境的目的。如此一來，逆境就不再是抵制真相的防衛措施了，它搖身一變，成為我們回歸心靈的工具，這就是「重新選擇」的意義所在。莎翁戲劇中的公爵就如同斯多葛學派的真行者一般，接受了自己的命運，沒有向胞弟反擊。此劇的結局最後以皆大歡喜收場，至於矢志重新選擇的我們，無論處境或結局如何，都無需失落心靈的平安。設若角色易位，換作我們是公爵，也許會在上天的指引下收復失土。但即使付諸行動，我們也不會對結果患得患失，更不會心懷忿怨，伺機報復。

　　前面所提〈正文〉最後一章那一段話，與公爵的感受異曲同工，該章節接下來的第二小句即如此說：

基督在你困難、煩惱及迷惑之刻始終溫柔地
提醒你：「我的弟兄，重新選擇吧！」（T-31.
VIII.3:2）

　　耶穌從不否認我們所經驗到的困難、煩惱或迷惑。
容我再說一次，「否認負面的經驗」對心理層面的危害
極大，對心靈成長的阻礙更無可丈量。耶穌提醒我們，
面對生理或心理問題時，無需內疚、憤怒或消沉，只需
把它當成人生教材，並且告訴自己，這是此生必修的功
課，我們遲早必須學到：「不論什麼困境，都是出於自
己的選擇。我先前之所以如此，並非由於精神失常，或
是自作孽使然，我只不過想證明我不是那個真我，想證
明這個分裂、有罪且內疚的自我是真的，而光明圓滿的
真我才是幻相。一切的困境，不過是如此造成而已。」
至此，我們已能看清，不論什麼形式的困擾，終究只是
在為分裂的現實撐腰。以前讓自己不安的種種原因，
不論是自身或他人的缺陷，或是超乎自己所能掌控的環
境，如今皆可轉而為不同的目的效命，我們自當欣然接
受。為此，我們不再抗拒某個症狀、問題或處境，甚至
逐漸可以擁抱它了，不是因為它本身有何價值，而是因
為它現在的用途已經大不相同了。耶穌就這樣藉用種種
的缺點、不足或困境作為教材，讓我們看出一切都發生
在心靈之中。他還進一步為我們點出，會久久困在當
中，是因為我們存心將它們窩藏在心底。也因此，倘若

我們為某事苦惱不堪，企圖壓抑它、排斥它、不理會它，或為它感到內疚，則無異於關掉耶穌的教室；沒有了教室或教材，老師就一籌莫展了。

我們的缺陷、病徵以及種種挑戰，正好充當耶穌課堂中的教材，這位老師要我們抱持接納的心態歡迎它們，而不是為它們苦惱。容我重申一下這個重要觀念，我們若為自己的缺陷感到絕望，等於拒絕耶穌的幫助——除非我們不想要他的幫助，或不想學他的課程；除了這個，我們還有什麼理由？要知道，凡事都有它的目的，即使表面看不出來。一旦生氣或煩惱，就表示我們存心推開耶穌，**辭退**這位老師。

明白了這個道理，我們才會欣然歡迎耶穌進入自己的人生教室，他也才能幫助我們了解自己生氣的真正原因。我們若將眼前的反常症狀或種種遺憾看成天大的問題，我們的生命就分化了。請記得，投生這個世間，本身**就是**一種失常狀態，而活在身體裡，**也是**存心為自己的生命設限。既然人類整個存在就已經是自我設限，我們又何苦特別為某一種限制而煩惱不已？且看，以我們的視力而言，它就是一種限制，因為肉眼不是為了看見真相而造的（T-22.III.6:1；T-28.V.4:8）。沒有比這更貼切

的例子了。眞正能看的，只有慧見，是我們的心靈與聖靈結合下的眼光，但我們卻造出極度受限的肉眼！**正因為**肉眼看不見眞相，故耶穌多次用「盲眼」來形容我們的眼睛（T-24.V.7:3；T-25.V.2:11；W-121.4:2）。耳朵亦然，它本身就是一種限制；唯一有意義的「聽」，是聆聽聖靈之音，它是針對小我之音的修正。只因我們不想眞正聽到，才造出這雙耳朵，自以爲聽到了其實不存在的聲音。

　　如果有人生來就智力不足，智商只有七十，我們就會大驚小怪，但這其實跟生來就有眼睛的限制是一樣的。當然，你可能會辯稱：雖然人人都有眼睛，但有些人的視力天生就比其他人好，有些人聽力也強得異乎常人。縱然如此，仍是一樣的肉眼肉耳，一樣的有其限制。即使動物看、聽和聞的方式有別於人類，但牠們所看所聽所聞的，跟人類都同樣虛幻不實。切記，身體本身就是一種限制，不管一個人因病而胳臂無力，或因染色體異常而智力受損，跟一個生來就「四肢健全、耳聰目明」的人，處境其實毫無不同。試著回想一下耶穌在〈正文〉提到的那段話：身體的目的即是爲愛設限，企圖限制那不可限制之境（T-18.VIII.1:2~3）。他要教我們

的真正課題是，儘管我們都有缺陷而受到限制，依舊能夠學習觀看和思考，只是不能再靠肉眼及頭腦罷了。

　　話說回來，我們若能覺察自己在某個問題投注了太多心力，已是一大進步了。但如果我們再度為某個症狀憂心或絕望，就再次中了小我下懷，因為它就是要防止我們接受耶穌的教導。處在憂心或絕望中，表面上我們仍在向耶穌求助，骨子裡根本不肯聽從他，如此陽奉陰違，等於是雙重的傲慢。在那一刻，我們向耶穌祈求的，其實是怪力亂神而非奇蹟。箇中之關鍵，奇蹟旨在改變自己的心靈，怪力亂神則志在改變外在症狀；而你我都知道的，耶穌是傳授奇蹟的導師，不是魔術師。因此，當你老是著眼於自身或他人的某個問題、缺陷和症狀，這種時候，你務必特別留意，凡是不顧整體，只看枝節問題，都是出自小我的伎倆，小我思想體系的起源就是為了分化整體，這正是耶穌在〈正文〉十八章第一節「取代真相」所特別提醒的。

　　人生必會面臨層出不窮的困境、煩惱和徬徨，耶穌表示，他全然知道我們的日子並不好過。所以他會在我們不安（dis-ease）時，幫助我們明白：其實我們可以用另一種眼光來看待每件事。回想公爵所說的話吧，

「逆境也能妙用」，耶穌無意改變我們的逆境，而是幫助我們改變逆境的**作用**。當他說：「我的弟兄，重新選擇吧！」他不是要我們選擇另一種形式，而是鼓勵我們以另一種眼光來**看待**眼前的形式。切記，如果你千方百計去改變外在的處境，表示你弄假成真了，也就是說，你已落入了小我的圈套。小我從來就是要我們把世界和身體的問題當真，讓我們繼續**失心**下去，好讓它免受心靈選擇力量的威脅。說到這裡，在座諸位可別忘了，小我就是我們自己，它是我們內心「喜歡分裂、特殊、與眾不同」的那部分。那部分的心靈最害怕的，正是心靈的抉擇者——宇宙中唯獨它化解得了小我；唯有心靈的抉擇者能夠「重新選擇」，唯有它懂得選擇另一位老師。為此，耶穌特別為我們點出：

> 你自己造出的種種形相絲毫抵擋不了上主親自
> 賦予你的真相。（T-31.VIII.4:1）

然而，你一旦請求上主或耶穌插手幫你解決問題，無異於把問題弄假成真，同時意味你已不再是上主所創造的你了。想想看，如果上主已把你創造成了基督（自性），然後你又堅持要耶穌幫你解決問題（基督本來是不會有問題的），這樣做，等於是要求他認同你那可憐

的自我形象，要求他用「你」看待自己的方式來看你；而那個問題叢生且脆弱無比的自我，其實並非上主所創造的真正的你。

　　好好深思吧，你當慶幸耶穌不管人間閒事，他若插手，他就已經把你看成是問題重重的小我，而他也不再是上主聖愛的至高象徵了。沒有錯，每當你請求耶穌幫你解決具體問題時，正是要求他如此看待你。為此，耶穌才會跟海倫說，不要請求他幫她消除恐懼（T-2. VI.4:1~3），這樣請求是最糟糕的，完全違反《課程》的宗旨，否定了心靈的選擇力量。耶穌如此告訴我們：「如果你寧可把自己看成問題人物，我可以幫助你重新看待這些問題；但如果你已經信以為真，我就愛莫能助了，因為你其實是沒有問題的，只不過你**認為**自己有問題而已。」耶穌是在提醒我們，不論我們在身體上投射出多少束縛和缺陷，但在心靈層次，無一物能將我們和上主的聖愛分開，我們仍舊是上主所創造且與祂一體不分的唯一聖子。只要我們肯寬恕自己和他人的缺失，便足以清除心中的障礙，憶起我們彼此一體無間的生命，憶起我們不曾與上主須臾分離。

3 「一位弟兄就等於所有的弟兄」 ──絕無例外

　　本章的要旨之一，就是讓我們察覺自己多麼容易驟下判斷，甚至用《課程》的話為自己的判斷撐腰。在此，我要鄭重提出一個檢視的準則：如果你對某個人所作的評語並不適用於所有人，這一評語必定是出自小我，而且是一種攻擊，**絕無例外！**原因無他──我們共享了同一個妄見的思想體系，**絕無例外！**也共享了同一正見的思想體系，**絕無例外！**並且具備了相同的選擇能力，**絕無例外！**這是放諸四海皆準的事實，**絕無例外！**請注意，你的談論只要涉及具體限制或個人缺陷，就已落入了判斷，意味著你正聽信小我之音，而且決定聽從小我去傳遞給別人，好像這個判斷跟你無關似的。無論你所談論的缺陷是眼見的現實，或抽象的觀念，全都一樣，都是在分化聖子奧體，為它設限。你的評價必須能套用在所有的人，且絕無例外才行；這個準則能夠幫助

你不再把自己或他人所認定的事實如此當真。

　　對自己或他人的缺陷，不論你是攻擊還是讚美，甚至為這些缺陷披上靈性的外衣，依舊離不開特殊性；而特殊性就是特殊性，一無靈性可言。你對某個缺陷的評價只要是無法適用於整個聖子奧體，這個評價必定出自小我，徒然助長小我的氣燄。愛比克泰德教導的「無分別心」，強調不管發生什麼事，人的內心應該永遠保持平靜和安詳，這與耶穌的教學若合符節，都在提醒我們保持內心的平安。不管某件事情解決與否，預期的電話、信件或支票來或沒來，心愛的人接受或拒絕你……，全都一樣，只要你處在正念之中，世間沒有一事影響得了你的平安。

　　此生歲月裡的每一天，好比一早去到學堂，先問老師：「耶穌，今天我該學些什麼？」他會這樣答覆你：「你要學的永遠只有一個課題，也是唯一必修的課題，至於用什麼方式來學無關緊要。你昨天學到什麼？今天及明天又要學什麼？答案僅僅就是**寬恕**而已。這一堂課可能以我的身體為教材，另一堂課則以你或某個公眾人物的形象為題材。每天上演的，不外乎我們潛意識的劇本。課程表是我們自己訂定的，不論今天會上演哪一齣

戲都無關緊要，因課程的內涵完全一致。」愛比克泰德
與耶穌的形上理念固然不同，但他們同樣注重一顆不分
別的心。

　　無論你所遇到的人正在表達愛，或是呼求愛，而且
不管對方用什麼方式呈現，你的回應永遠就只是愛。就
算對方以攻擊或懲罰的形式向你呼求愛，你的回應仍然
出自正念，絲毫不被外境左右。這就是我們要學習的一
課「外在形式對你毫無影響」，也是〈正文〉第十五章
結尾，耶穌新年禱詞的用意所在：「讓我們以『同等』
的心對待一切，而使這一年有所『不同』。」正是如
此，我們用同一種心境來回應所有的處境，只因不論哪
一種處境，在正念之中，其目的全都相同。

　　人生每一種經歷都在教你相同的課題：把魅影僅僅
當作魅影看，千萬別當真。只要你把它當影子看，自然
不會隨之起舞，否則你只會賦予它剝奪你平安的能力。
如果你看到他人與魅影糾纏不清，表示那人已經混淆了
表相與真相，分不清孰是魅影孰為真相，你的回應可以
如此簡單：「那些影子並沒有影響到我心中的愛與平
安。」請注意，我所說的是內涵層次，而非告訴你用何
種形式去表達。因此，不論那個人認定自己的魅影對你

的身體，或對你所關心的身體做了什麼，你的回應依舊是慈愛與安詳。你的回應只要出自心靈層面，自然會找到最有益的方式來呈現。用何種方式來表達並非重點，唯有內涵才是關鍵所在。只要學會這一本事，你的人生自然變得單純而安穩，此後，不論周遭發生任何事，都奪不走你心靈的平安。

心靈一旦平安了，對人性限制這一魅影唯一神智清明的回應方式，就是越過它而直視背後的光明。套用《課程》的說法，所有的魅影都是在向它所拒絕的光明求助，正如所有的攻擊都是恐懼的流露，它其實是在向愛求助。這就是聖靈的正見和基督的慧見。用這種眼光來看待萬事萬物，世間無一物影響得了你的平安。你會看到人們若非在傳遞光明，就是受到魅影蒙蔽而向光明求助。不論是那一者，你都會放出心中的光明，且找到對此人最有益的表達形式。

再說一次，上述原則僅適用於**內涵**的層次，而非**形式**。你當然可以談論人們形形色色的表相，例如人類有男有女，眼睛、皮膚及髮色也不盡相同，性格的殊異就更不待言了。每個人的行為舉止也有明顯的差異，有的人端坐案前讀這本書，有人則靠在舒適的椅子或躺在床

上，乃至邊走邊讀也不無可能。這些都是我們在感官世界所看到的現實，與真理實相毫不相干。唯有內涵才具意義，也就是說，所有閱讀此書之人（其實應該說世上每一個人）心中都含有妄念和正念，以及在這兩者中作選擇的抉擇者，這才是幻相世界中唯一值得探究之事。

因此，每當你將形式視為內涵，而且還全然當真地回應時，你就得留意了。這並不是說你不該有自己的觀點，不該對政治、種族或宗教抱持自己的看法。我的意思僅僅是，千萬別讓你的觀點成為凸顯「人我有別」甚至「你我對立」的力量。人人各有一己的觀點，只是這個我們所居住、充滿判斷和分裂的世界之現象，如此而已。別忘了，這個分裂世界起源於我們把「小小瘋狂一念」看成滔天大罪的那一刻，不再視之為幻影，而卻看成是作惡多端的人所做的邪惡事，因此罪有應得。原是唯一聖子的我們，一旦把不可能的念頭當真，就開始了流亡生涯，從此便一路奔逃，奔向絕望和死亡的地獄，愈陷愈深而渾然不覺。

正因為我們慣用小我的眼光來回應世界，耶穌才要教導我們改變眼光，把世界從囚禁我們的監獄轉變成學習的教室。他教我們如何把小小瘋狂一念的化身（亦即

世間萬事萬物），一概視爲幻相魅影，明白它們不過是缺乏光照而已，讓我們逐漸領悟，活在缺乏光明、眞理和愛的世界實在苦不堪言。終有一天，我們會受不了這些折磨而宣告：「我再也不想在黑暗中廝混了，我情願活在光明裡，不要繼續作柏拉圖洞穴中的囚犯，終日盯著投射在牆上的影像，我只願瞻仰眞理之光。」然而，若非這位導師指點迷津，及時提示「我們一向當眞之物，不過是個魅影」，我們也無從得知還有光明存在。我們若對人間種種缺憾（也就是小小的瘋狂一念的化身）品頭論足，其實無異於評判上主，否定祂完美的一體生命。耶穌進一步提醒我們，「特殊之愛」與「特殊之恨」也是同一回事，不論我們偏愛或怨恨某事某物，都是將它們當眞了。一點也沒錯，每當我們被某件事或某個人勾起情緒，這正是一大警訊，提醒我們該懸崖勒馬，回到自心，跟耶穌說：「請幫助我，我又被魅影迷惑，把它當眞了。」

《課程》幫助我們了解何以我們會爲影子所惑，而且相信它是眞的。那是因爲我們不想聽到自己多年來所培養、所保護的這個自我竟然是個幻相。我們寧可相信這個自我是眞實不虛的實體，而且它的存在必定另有其

因，我們的痛苦及煩惱也一樣另有其因。隨之，我們的小我必會使盡渾身解數來抵制「自己只是個魅影」，同時也抗拒接受這個充滿缺憾的世界竟然也只是一個幻影。然而，真相就是真相，世間的種種缺陷、毛病、罪惡、錯誤，以及人們一切的所作所為，無論我們喜歡或厭惡，都不過是魅影，且出於同一肇因──缺乏光照。身為耶穌的學生，我們在他身上看到，他以光明來回應魅影，以愛來回應攻擊，以救贖來回應分裂，而他的回應正是我們所亟需效法的。

一旦明白了這個道理，我們便會終身致力於此，日復一日切實操練，讓我們愈來愈警覺自己如何掉入魅影的陷阱、情緒如何不由自主地被挑起，進而看清那些勾起我們種種反應之物不過是幻影罷了。倘若你仍為某個缺憾而苦惱，表示它對你不再是個影子，而你也仍被困鎖在柏拉圖所說的無知之洞穴，終日只盯著投射在牆上的影子。正因為你看不見其他東西，不可能不把這些影子當真，且開始對這些影子品頭論足，說這個高那個矮，你如何喜歡這個又如何不喜歡那個。此時，請牢牢記得前文的提醒，你對某人的評論若不能套用於整個聖子奧體，你就是在評論一個幻相，正是不折不扣的攻

擊。請注意，這原則不能套用在人生表相的層面，我不是要你否認肉眼所見的一切，而是提醒你聽從耶穌的教導，不把肉眼所見的事物太過當眞。我已多次反覆重申，正如《課程》也明說暗示過好幾次，「我們的眼睛根本看不見眞相」。只要謹記這點，我們便不會把眼之所見、耳之所聞，或大腦解讀的任何事過度認眞看待。

雖然我能理解，每當我們觀看新聞報導時，很難不對眼前發生的事有所反應，無論它發生在華盛頓、中東，或遙遠的非洲。然而，容我再提醒一次，我強調的並非個人的觀點，**而是要讓你看清所有你不安的情緒反應**。你會由自己的反應看出，你其實並不想走出柏拉圖所講的洞穴，寧可待在裡面，把別人當成是囚禁你的元凶。你並不想知道**你**才是囚禁自己的元凶，而且你正握著打開罪咎鎖鍊之鑰匙。現在，讓我們把每一天都當成耶穌授課的教室吧，他會教我們如何重新定義這些人生缺憾，包括自己的毛病及身邊所有人的短處。請記住，我們所看到的一切，僅僅是個魅影，外表看來雖紛紜雜沓，內涵確也同樣的虛幻不實。

耶穌在〈練習手冊〉第一百六十一課談到了這個放諸四海皆準的原則，但他也體諒到，要我們悟出彼此是

同一生命，且以這樣的眼光度日，實在不是一件容易的事。因此，耶穌不但明確地道出一切真相，「我們都是同一生命」，同時還叮嚀我們務必溫柔耐心地活出這一真相。這正是《奇蹟課程》在眾多靈修法門中獨樹一格之處，它在直指實相之餘，又給我們一條慈悲又溫和的實踐途徑。以下是一百六十一課的一段引文：

> 一位弟兄就等於所有的弟兄。一個心靈包含了所有的心靈，因每個心靈都是同一生命。這就是真理實相。然而，這些觀點是否為你澄清了萬事萬物的存在意義？這些說法，你可徹底明白它的真義？它們很可能只是一些空洞的說詞，聽起來好似言之成理，其實，你並不了解，你還會感到那根本是不可能了解的事。自從心靈教會自己具體的推理思考之後，它再也無法領悟那無所不包的抽象意境了。我們只需看清這一點，所學到的就已不可限量了。
>
> （W-161.4）

在這段引文裡，耶穌開門見山就推出這部課程的核心形上理念，「一個心靈包含了所有的心靈」。他接著又說，這些話我們聽起來必然一頭霧水，這些文句

既優美又感人，但對我們而言卻毫無意義，因為我們這一具身體還需應付形形色色的身體，無盡的需求障礙了我們的心靈。畢竟，我們活在種種限制下，儘管耶穌在同一課的第二段說了：「心靈的本來境界，是徹底抽象的。」但這與我們的現實經驗卻風馬牛不相及。我們有具體的身體和具體的性格，屬於某一種族、文化和國家，信仰某一宗教或修持某種法門。此外，我們也真的相信有一個名叫耶穌的人，他有一顆與我們截然不同的心靈，而且還會對我們說話。如此一來，我們怎麼可能領悟一體生命的本質呢？也罷，就姑且退而求其次吧，我們至少還能從「體會我們都共享同一個人生目的」開始著手，因為我們的心靈同樣神智不清，同樣需要療癒，這是他可以教我們而我們也可以體會的。

耶穌在上述引言的結尾說到：「我們只需看清這一點，所學到的就已不可限量了。」這句話充分體現了他教學手法的溫柔之處。他要我們從當前的處境下手，因我們相信自己陷於某一特殊關係，認為「我的身體」與「你的身體」之間有一個具體的關係。但耶穌告訴我們，這個關係其實跟「你倆」一點關係都沒有，這一關係只是你心靈的投射，也就是說，你和他的特殊關係不

過反映出你與自己小我的特殊關係而已。也因此，你必須先學會看清自己和他的關係真的如此，慢慢領悟出自己與其他人的關係也莫不如此，然後明白所有的關係其實都是同一回事。只要你肯從這一小小實例開始練習，學著套用於所有的關係，那麼你所學到的必然「不可限量」了。

更具體地說，我終於認清了我們此生的目的全然相同，也明白我們之所以不斷向外求助，不過想要證明自己想法的瘋狂與虛妄而已。因在我內心深處有個清明之念，若非你先攻擊我而讓我感到內疚，我必然觸碰不到這個清明之念。你的投射讓我看到這一點，而且給我一個機會放下罪咎，如此，你成了將我導向清明的媒介；我對你也是一樣，我們都在人間懷著同樣的訴求：「請指出我的看法有誤，讓我看到一線希望。」

你的攻擊給了我一個機會，只要我不反擊，不視自己的利益與你有別而抵制你，我就能看到希望。我的防衛措施放下多少，我便能代表人人心中的清明之念到什麼程度，這正是耶穌一直強調的：「我心靈中的清明也存在你心中。」當耶穌復活時，我們便與他同在了（C-6.5:5）；當他一從死亡之夢覺醒（無關乎身體的復

活），我們便與他一起覺醒了。因為一個心靈就等於所有的心靈，一個心靈包含了所有的心靈。這意味著，在耶穌的心靈療癒之時刻，我們的心靈也獲得了療癒。問題是，我們尚未接受那個療癒的心境。只要我們讓耶穌陪我們一起正視小我，讓他充滿自己的心靈，我們的想法就會逐漸跟他一樣，慢慢肖似於他，充滿仁慈與愛心。單憑他光明的臨在，無需任何作為或言語，就能不斷召喚我們跟他一起走出黑暗，所有的弟兄都會透過我們的寬恕而攜手同行。

* * * * * * * * *

問：當我被刺到痛處而反彈時，只要當下覺察「我只是錯認了自己的真實身分」，就夠好了，這一領悟足以幫助我將眼光由身體轉向「抉擇者」，是嗎？

肯恩：答案是「沒錯」，但有一前提，就是你很清楚自己「為何」會把這個弱點或痛處當真。套用《哈姆雷特》的一句名言：「你必須承認自己的瘋狂背後暗藏的目的。」你選擇用瘋狂的方法自我設限，害自己陷於人間，然後怪罪他人。你必須明白，正是這一抉擇讓你

失落了幸福，否則上述的「覺察」便無濟於事。你的自我設限使你感受不到內心渴望的愛而深受其苦，因愛是你生命的本質。這一錯誤選擇也會使你對耶穌敬而遠之，因你深怕一旦與他的愛同在，「你」就消失了。小我為了保存「自我」，最厲害的一招，就是要別人為自己失落了真我或自性而負責，這正是我們當初投生為一具身體的真正原因：我們為什麼要透過一具身體而誕生人間，就是為了歸咎另一具身體，表示自己的誕生並非出於自己的選擇。

　　我最害怕的是，一旦知道是「我」造出了自己，我的心靈必會被罪咎淹沒，因此我不敢往內看而重新選擇，寧可把罪咎當真，投射出去，要他人為自己的悲慘遭遇負責。唯有回轉到心靈，我才可能看出罪咎之感純粹出於自己的選擇，目的是證明自己有罪，因我已離開上主且活在世間了。於是，罪咎成了小我最大的利器，千方百計防止我看清自己這個「我」其實並不存在，我從未離開上主，也沒有罪。其實什麼事也沒發生，因上主與祂的聖子永遠都是一體不分的生命，而且一位聖子等於所有的聖子，絕無例外。

生老病死的困局

問：身體的病痛是人生的一大困境，我目前被困於行動不便的窘境，此一障礙更強化了我受限的感受。我知道這一限制只是一種魅影，但我也覺察到它引發了我的罪咎感，加劇了身體的疼痛〔原註〕。我該怎麼看？

肯恩：疾病是奇蹟學員所碰到最棘手的問題；當然，明白心靈是身體疾病的源頭會有很大的幫助。在現實的層面，這也是我們學習的起點，就是效法愛比克泰德，單純地接受身體生病的事實。當我們年歲老邁，身體日漸衰弱，在所難免，當然無法再做我們三十年四十年，甚至五十年前所做的事。因此，當你生病時，你會盡己所能地減輕身體的疼痛，但你是懷著安詳平靜的心，還是滿懷憤怒、抱怨或罪咎來照顧身體的，完全操之於你。我們的目標不在於擁有一具完美的身體，也不必因為變老而自暴自棄。總而言之，我的答覆是，你不必為此煩惱不安。在你盡力照顧身體的同時，留意一下自己的反應，看看你能否平靜地跟自己說：「今天我的

〔原註〕本書上篇第二章討論過此一主題。

身體感到疼痛，我該為它做點事。」接下來就去做這些事，但要帶著平和的心，而不是煩躁、焦慮、自艾自憐，或是憤怒。

最忌諱的是用《課程》的道理來打擊自己，例如「疾病是抵制真相的防衛措施，我是個糟糕的奇蹟學員，竟然如此抵制真相。」若這樣想，表示你認為「幻相有層次之分」。沒錯，你的疾病是抵制真相的防衛措施，但呼吸、用肉眼看東西，一樣是在抵制真相。這些幻相根本是同一回事，沒有層次之分，與小我的第一條亂世法則恰恰相反。奇蹟原則第一條「奇蹟沒有難易之分」（T-1.I.1:1），就已點出所有幻相都是同一回事，這兩個原則成了小我及聖靈思想體系的首要基石，小我的其他四條亂世法則都是由第一條衍生出來的。同理，你若真正了解奇蹟原則第一條，就無需讀其他四十九條，甚至後面的長篇大論了，也不用操練〈學員練習手冊〉，因為第一條涵蓋了整個聖靈的思想體系：世間的萬事萬物都是幻相；幻影就只是幻影，什麼也不是。

你若為自己一早下床有困難而忍不住批判自己，不要輕忽這個「例外」，不妨自問一下：「我是否也該為自己還在呼吸而感到內疚？」每個人都該如此練習，雖

然不是每個人都有下床的困難，但這只是表相之別而已。我們每個人都認為自己是一具身體，表示每個來到世間的人都想要限制那個愛，你的身體狀況只不過是這個祕密願望的一種表達而已。只要你能認出身體的症狀只是那「小小的瘋狂一念」的呈現，就會明白你的選擇並不在於是否要承受痛苦，而是在於究竟要透過小我的眼光來看待痛苦，還是透過聖靈的眼光來看？前者必會小題大作，渲染痛苦的嚴重，後者則會將痛苦視為今天的學習課堂，它很可能成為你後半生的課題。你的焦點應該放在究竟要邀請哪一位老師進入你的心靈，是教你把魅影當真的那一位（罪咎和批判必會讓你把魅影當真），還是幫助你明白「魅影影響不到內心上主的平安」的那一位？就在我們練習寬恕自己誤選小我種種限制之際，我們便等於學習了寬恕所有人及萬事萬物，而且絕無例外。

莫忘〈練習手冊〉導言後半段的提醒：將你從某個限制的魅影所學到的功課，普遍應用在所有的關係和事件中。如果你對某人的評論無法套用於每個人，此一評論便是謊言，這樣說一點也不誇張。小我虛幻的思想體系之特徵，就是把每件事都視為「偶發事件」而「個別

處理」，無法將一個觀念套用於所有事件上。其實，重病與微恙並無差別，夫妻口角也無異於一觸即發的第三次世界大戰，其內涵都是一樣的。表相上的差異真的無關緊要，「一乘以零」跟「一千乘以零」的結果都是零。你想要複製多少「零」而指望能得到一心想要的東西？你若不能將所有的事件一視同仁，只需承認自己又選擇了小我，因你已著眼於差異，這樣就行了。一旦著眼於差異，等於把分裂弄假成真，限制你的那些魅影自然顯得真實無比，你就更難擺脫它們的糾纏了。

* * * * * * * * *

問：當我們年老時，身體也日漸衰退，我知道心靈是元凶，但為何我的抉擇者還會選擇衰老之苦這一條路呢？

肯恩：這不過是要證明我們是身體老化的受害者，也是把身體搞得更真實的另一種伎倆罷了。不要把老化的問題看成有異於人生的其他問題，它們全是把身體當成偶像的另一種手腕而已，這正是小我為什麼會造出這個處處受限的世界之最佳實例，它重申你是這些魅影的

囚犯，這些魅影真實無比。老化只是夢中的一個現實，儘管你的身體不如以往健康，你仍可平靜地看待它。不妨這樣提醒自己：「身體衰退只是夢中的一個現實，跟我內心的平安一點關係也沒有。」這就是我們的功課。當然，理論上，一個人也可能健健康康地活到天年，但這並不證明這個人是好人。盡力避免依據這類表相來判斷，有些人的老化現象可能比其他人緩慢，但這只是魅影展現不同而已。我們很容易掉入「依據表相判斷內涵」的陷阱，因你無從得知這個魅影在那人更廣大的救贖藍圖中的意義，你也無法從形式的層面去了解他們的人生功課，但你「可以」知道在內涵上每個人的功課是什麼，因為它跟你的功課一模一樣。

問：我們的文化好似十分輕視或摒棄老人，不想觸碰他們的問題，更不願面對死亡。當你談到接受現況時，我心想：「唉，世間就是這麼回事，人都會變老，老人會中風，拄拐杖，得吃藥，最後會死去。何必大驚小怪呢？」說是容易，但我的內心卻掙扎不已，我不願正視它。

肯恩：你所描述的情況正是人們把身體弄假成真的結果，因此我們才註定要為它受苦，或是乾脆壓抑這個

痛苦。這些現象全都出自一個觀念,即身體的壽命代表真實的生命,故發生在身體的一切都至關重要。由於小我灌輸我們:我們是一具身體,必須生存下去,所以保護身體成了極有價值的舉措。《奇蹟課程》強調過,死亡是小我思想體系的核心(M-27.1:1),如果死亡是真實的,小我的生命必然也是真實的,那麼上主的生命就不是真實的了!身體的死亡證明了身體的真實性,那造出這具身體的思想體系豈不更真實了!一旦把身體當真,你就輸定了,因你不是擔心它就是否定它,不管擔心或否定,身體都成了生活的焦點,正如「夢中『英雄』」這一節所描述的,身體成了世間每個夢境中的英雄。(T-27.VIII)

　　我們既然已經掉入了小我的瘋狂世界,比較明智而有益的態度,就是接受身體會老化、凡事都會出狀況這一現實。你仍舊照顧身體,不必承受沒必要的痛苦,但別把焦點放在維護身體上頭,不要像一般人那樣無所不用其極地追逐長壽。只要你退一步與耶穌一起看待此事,就會明白身體只是個學習的教室,離開了心靈賦予它的目的,它本身毫無意義。領悟了這點,那些延年益壽的種種作為就顯得很無謂。真正重要的,就是用仁慈

溫柔的眼光來看待自己反覆落入小我的圈套。只要回到正念，你自然不會那麼擔心身體了。當然，身體還存在時，你仍要好好照顧它，直到你準備好放下它，它就壽終了，但這並不代表你的心靈及救贖之路的終點，它只是這一段人生大夢的結束而已。就算再多活十年二十年，甚至三十年也不代表什麼，你其實能在一天或一分鐘內就學會這一功課。

容我再說一次，你只需看清「自己與身體的認同，等於與小我的認同」。每當你又開始掛心自己或親人的身體時，不妨承認你並不是為了自己所認定的理由而擔心。繼續去做你該做的事，就如同處理所有的問題一樣，但記得要與耶穌一同面對小我的反應，看出擔心身體是小我的頭號伎倆，保護身體是它最基本的防衛措施，正因身體是特殊關係的基地，它只是按照心靈的指令行事而已，但我們對此往往渾然不察。

因此，只要是對身體有益的事你都可以做，但請留意自己對身體的癡迷執著，並且看清問題並不在自己所擔心的老化或疾病上頭，它們只是企圖轉移你的注意力，不讓你憶起自己是有選擇的心靈。你可以繼續你對身體的癡迷執著，無需抵制它，也不要否定它，但要

記得退一步看清身體的本質爲何？它又源自何處？這樣
就行了。唯有如此，身體才能發揮耶穌賦予它的療癒使
命，我們才能透過寬恕而回歸天鄉，才算完成了自己的
「特殊任務」。

4 「特殊任務」：迂迴歸鄉路

前幾章我一再重申：「我們雖**活在**世上，卻不**屬於**世界」這個福音，揭櫫了《奇蹟課程》的中心思想。《課程》並非要我們否認世間的種種，或否認我們所想、所感，以及眼見耳聞的一切，而是教導我們換個眼光來看待自己的所知所見。這部課程既以**奇蹟**為名，強調的是知見的轉變，即所謂「透過基督的慧眼來看」；而基督或耶穌，指的是我們心靈所選的思想體系。既然「觀念離不開它的源頭」，萬事萬物自然都在我們的心靈內。反之，小我看待世界的方式，則處處假借所見所聞來鞏固自己的判斷，證明自己與他人的確充滿缺陷。它唯一的居心，就是凸顯你我有別；這種用意，就跟「天人分裂後，我們與上主成了不同的生命」完全如出一轍。請注意，這裡所說的「看」，無關乎肉眼所見，而是指我們如何詮釋眼見的一切。正如《課程》所說，「**知見**其實是一種詮釋」。耶穌再三提醒我們，問題並

不在那「小小的瘋狂一念」，而在於我們看待那一念的
心態；問題出在我們選擇了小我的眼光，而非聖靈的慧
見。我們此刻的選擇，正反映出最初那個選擇，唯因心
靈並無此時與彼時之分，線性時間原是「罪、咎、懼」
的世界所投射出來之物，在心靈內，過去、現在和未來
其實是同一回事：

> 每一天，每一分鐘，每一瞬間，你不斷重溫那
> 恐怖的時間幻相取代愛的那一刹那。……每個
> 生命都是如此，從生到死、死又復生的那段時
> 空幻相，其實都在重演那早已過去而且無法重
> 生的一刻。所有的時間不過是在為你演出這個
> 瘋狂的信念：就這樣，過去的一切依舊存於此
> 時此地。（T-26.V.13:1,3~4）

在天人分裂之初，身為上主唯一的聖子，我們看待
那「小小的瘋狂一念」的方式只有兩種選擇，若非透過
評判（定罪）的眼光，就是透過救贖（寬恕）的慧眼來
看待萬事萬物，兩者絕對無法並存。我們若選擇慧眼，
便會看出世界並沒有什麼可寬恕的，因為什麼事也沒發
生，小小的瘋狂一念根本不可能弄假成真。本課程要我
們把這一基本心態套用於人生夢境所有的日常瑣事，只

因奇蹟乃是轉變小我看待事情的眼光。小我總是著眼於個別利益，認爲你我對立，凡事非得分出勝負不可。這一眼光阻擋了聖靈的修正觀點，蒙蔽了我們原是一體的正念心境。請牢記我再三重申的檢視準則，千萬不要對某人作出「無法適用於所有人」的評判（這裡指的是**內涵**而非**形式**層面）。世間種種的差異，不論表面上有多大，在聖靈的眼光或基督的慧見下，全都無二無別。

前面說過，聖靈會用小我所造的一切來發揮療癒的功能，不再傷人。我們造出種種缺憾，企圖證明上主錯了，我們才是對的，這樣做，其實是想證明我們才眞的存在，上主並不存在。幸而耶穌能反過來用我們所造出的缺憾來引領我們回家。自從我們選擇小我來取代聖靈那一刻起，我們建立了自己的王國，從此踏上了漫長而恐怖的人生旅程，正如《課程》所形容的「往昔沉淪於分裂的軌跡」（T-28.III.1:2）以及「在瘋狂失常之下……在狂風中亂舞」（T-18.I.7:6）。直到我們撤換了導師，這段人生旅程才會搖身一變，成了我們從夢中覺醒的助緣。透過祂的慧眼，我們不再妄加論斷自己或他人所做的蠢事。別忘了，你我都同樣的瘋狂兇惡，竭盡所能打擊上主，否定祂的實相，篡奪祂的地位，鞏固自己的個

別身分。如今，這一切的妄作都變得神聖，並非因為這些妄作本身有何神聖之處，而是由於我們邀請了不同的導師進入自己的人生教室，先前的妄造反而能為一個神聖目的效命。世間萬事萬物，無論從社會的價值觀來看是小善或大惡，在聖靈的眼中，一一都是我們返回天鄉的「繞行路標」。真的，只要選對了**嚮導**，每一條道路、每一段關係，以及我們所寫的每一個人生劇本，最終都會引導我們回到天鄉。好比當我們開車遇到需要繞道的路段時，只要遵循路標的指示，就能繞過障礙，安抵目的地。人間的特殊關係亦然，也會把我們領到心靈的目的地，但唯一的前提，我們必須遵照耶穌閃亮的「寬恕路標」之指示，才能穿越人生的種種缺憾。

實際上，這些蜿蜒曲折的迂迴之路，正是人生最佳的寫照，所不同者，過去我們東拐西彎逃離天堂，如今則是反其道而行，猶如「課程」（course）的另一意涵「道路」，它指引我們沿著往昔沉淪於分裂的軌跡，一段一段向上回溯。的確，這是繞道而行，而非直線前進；只因我們對返回天鄉的恐懼如此巨大，又豈能不繞道而行？為此，耶穌安慰我們：「不必擔心自己會在瞬間被連根拔起而捲入真相裡。」（T-16.VI.8:1）接著又

說，我們不是直接從噩夢回到實相，而是要經過所謂的「幸福或溫柔美夢」的過渡階段（T-20.VIII.10；T-27.VII.13）。我們的特殊關係也是一種繞道，但一路上會蒙受聖靈「寬恕」之祝福。終究來說，時間和空間皆是幻相，不論我們花多少時間返家，或經過的路途多麼迂迴，全都沒有差別。當你抵達盡頭時，過去的時間（我們經過的迂迴途徑）會像你身後那條長長的地毯，瞬間捲起即消失於無形(T-13.I.3:5)。然而，在時間消失之後：「最後的結果必如上主一般屹立不搖。」(T-2.III.3:10)

我們用來建構小我的特質或種種缺陷，既然成了指引我們回家的藍圖，倘若我們批判自己的特質及缺陷，甚至用各種苦行讓身體飢餓匱乏，或嘲弄自己、貶抑他人，皆無異於設置路障，自找麻煩。就如同故意在路上挖些坑洞，讓車子爆胎，以至於到達不了目的地。也因此，踏上奇蹟之旅的我們，其實無需放棄特殊關係，也無需逃避缺陷和瑕疵，**只需賦予它們不同的目的**，由之，原本令我們痛苦不堪的事物，就此搖身一變，成為引領我們超越痛苦的增上緣。

我們唯一的責任，就是辭退小我這個老師。以下，

我把《奇蹟課程》不同章節的兩句話合在一起讀，意思就更清楚了：「現在就辭去你自以為師的角色吧（T-12.V.8:3），因你被自己誤導已深（T-28.I.7:1）。」所謂「辭去你自以為師的角色」，即是辭退小我這個老師，改邀聖靈來授課。〈教師指南〉「上主之師需要改變生活環境嗎？」這一則提到，聖靈無意改變我們的生活，唯有內在的轉變（由小我轉向聖靈）才是關鍵所在。另在〈正文〉第二十一章，耶穌也這麼說：聖靈無意由我們生活中奪走特殊關係，只是轉化它而已（T-21.III.6:1~4）。換言之，我們不會因為配偶或伴侶並非奇蹟學員，就要和他們結束關係；但也並不是說，我們非得無論如何也要維繫這段關係不可。我要說的是，每當我們覺得需要做任何外在的改變，那種時候，不論是強迫自己或強迫他人去改變，千萬千萬要小心。請記得，聖靈只會轉化特殊關係的目的，而非改變其形式，祂會用我們想要傷人的道具來發揮療癒的功能，這就是所謂的「特殊任務」。

同樣的，原本被你評定為一敗塗地的人生，也成了耶穌引導你返家的工具，還有什麼比這樣的轉化更神聖的呢？想想吧，你一生追求特殊性，充滿了罪咎、怨恨

和痛苦，如今一一變成邁向平安的快樂途徑，這是何等的美妙！反之，你愈是沉溺於批判、攻擊和責難，或是因內疚而活得了無生氣，你便愈難達到上述的目標。我這樣說，並不表示你的人生是神聖的，也不表示它不神聖，實際上，你的人生本無意義，它唯一的意義取決於它的**目的**，取決於**內涵**而非**形式**。來到世上的每個人，都帶著與生俱來的缺憾，存心以此取代上主無限的愛，所以才說你我全都神智不清。

幻相既然沒有層次之分，缺憾或瘋狂當然也沒有程度之別。一個人只要相信自己活在世間，就表示他生了病，必然受到束縛。除非你能接受這個前提，才不會老想用自己或他人的痛苦來證明分裂之境的真實性。萬一你真的幹了這等傻事，最起碼也該誠實面對自己的動機。小我總是要你選邊站，不斷分別、評判、取捨；耶穌卻要你把所有的分別取捨當成學習的課堂，他教你的功課是——每個人在內涵上一模一樣。

當然，在夢的世界裡，事事物物都看似有程度之別，有些人彷彿比一般人更邪惡或更善良，有些人的心靈層次似乎高於常人。但是，只要你站在夢境之外，只要你超越戰場之上，往下俯視，必會一覽無遺，明白

那些層次或差異根本毫無意義。是的，無論我們站在階梯的下端或上端，都仍然落在幻相中。就妄念和正念兩種思想體系來說，也沒有等級可言，反正小我永遠是百分之百的恨，而聖靈則是百分之百的愛。只因我們不斷在兩者之間來回擺盪，才會經驗到某種時空上的變化和進程。要知道，我們每一個人都是從同一念分化出來的個體，每一個人都有同樣分裂的心靈，既有恨與罪的念頭，也有寬恕與愛的念頭，還有從中選擇的抉擇能力。徹底認識這點，我們看待自己與他人的眼光便會截然不同，因這一眼光不帶任何評判，不會老想證明別人是錯的。請記得，外表形式上，人們可能真的有什麼問題，但他們的正念從來沒有錯。既然錯誤沒有層次之分，那又有什麼好讓我們操心掛慮的呢？

每當我們熱中於與人一較高下，就表示已接受了小我的擺佈。在天人分裂之初，我們做了第一個「比較」：我們自己發明的愛遠勝過上主的愛，因為我們的愛全然接受自己的個體性和特殊性，上主的愛卻不識這些名堂。實際上，造物主對我們這種愛一無所知，因為「愛是從不比較的」（T-24.II.1:1；W-195.4:2）。如今，我們這趟心靈之旅的目標，就是朝向「不比較」的理想

邁進。上主對自身以外的任何事都一無所知；上主之外空無一物，所以祂對我們的夢境也一無所知。耶穌代表了分裂的聖子奧體內已覺醒的那一部分，他知道其實什麼也沒發生過，因此從不在弟兄之間較長論短，他知道我們都有清明與失常兩部分。他的任務就是幫助我們看出聖子奧體與生俱來的平等性，跟著他的腳步前行，我們才可能看清分裂之境的瘋狂，不再聽信小我那一套。他教我們將自己愛比較、挑毛病，以及把缺憾的幻影當真的種種習性，全都轉為他的教學工具，藉之，我們終會看清，那些習性不過是小我的伎倆，企圖混淆真相，使我們忘了分裂之前我們原是同一聖子，遲早都會回歸一體生命。耶穌深知：當心靈的任何一部分療癒了，整個聖子奧體也就療癒了，只因上主之子共具同一心靈。

我們無法藉由夢境這個戰場來了解一體生命，唯有超越戰場之上，我們方能充分體會一體生命；此一超然層次正是啟發本課程的源頭。《課程》字裡行間洋溢著慈愛智慧，這一內涵純粹來自夢境之外，它使用我們能夠接受並理解的象徵方式來表達，讓我們從中薰陶學習。只要我們接受耶穌的邀請，與他一起從戰場之上的平安之地俯瞰世界，便會看到每個來到世間的人都如此

瘋狂失常且飽受束縛，從投胎人間開始就靠一口氣息維繫生命，並且把自己活成一具身體，飽受生命中種種的限制和折磨，反映出分裂妄念的瘋狂至極。想一想，既然這些形形色色、數之不盡的限制都是來自同一個分裂信念，我們又何必費神去強調某一種特別的缺憾呢？

這樣的眼光會讓我們變得更加寬容、更加溫柔而善解人意，因為我們看到也了解每個人的痛苦，自然不會再去論斷他人，深知他們行為背後的痛苦其實是在呼求著我們的仁慈回應，而不是攻擊。回想一下〈練習手冊〉「我願安靜片刻，回歸家園」這一課的生動描述：這個世界不是我們的家，我們不知如何重返家園，只能設法掩蓋流浪異鄉的傷痛（W-182）。此刻，不妨再想像一下，一個孩子在人群中走失了，那正是**我們**心中莫大的恐懼，因為我們的確迷失在物質世界的人群中，以為自己失落了天父（生命的根源）。我們聽不見那呼喚著我們的天音，在神智失常的叛逆心態下，我們存心走失，寧可活得孤苦無依，也要證明「這不是我的錯，是**他們**遺棄了我，他們必須為我的處境負責」。聽到如此神智不清的呼求，誰不會心痛，誰不願慈悲回應？

耶穌的愛點燃了我們的悲憫心，從此，我們懂得仁

慈擁抱世上「每一個驚惶不安、孤獨憂懼、飄泊流浪的
人」（T-31.VIII.7:1），包括所有和上主分裂的聖子——
他們拼命想在世間尋找肯定和希望，卻徒勞而無功，其
結果，只好與其他身體建立關係，試圖排遣孤獨，暗
地裡卻害怕自己的伎倆無法得逞，遲早會被上主逮到，
且置之於死地。就是為了掩蓋人心種種不堪的孤苦，各
類宗教乃應運而生。事實上，世間無論哪一種主義或哪
一個學派，都是為了掩蓋這個莫大的痛苦而發軔的。然
而，只要我們願意提昇自己，超越戰場之上，和耶穌一
同觀看世界，我們不可能不生出「同體大悲」之心，只
因我們聽得到普世的痛苦呻吟。就算是窮凶極惡之人，
也不外是在呼求：請讓我看到「我錯了」，請為我示現
「還有另一條出路」。

　　是的，這正是一大關鍵，我們必須用不一樣的眼光
來看待人間種種，不再動輒批判；必須把人生當成課
堂，向耶穌學習，為了自己和世界的得救，擔負起寬恕
的特殊任務。

　　現在，讓我們一起讀幾段有關「特殊任務」的引
文，主要出處是〈正文〉第二十五章「特殊的任務」那
一節，其重點所在，即是如何將「寬恕的特殊任務」具

體應用在自己或他人的缺陷。

這是聖靈的慈悲知見下的特殊性，祂會用你所
造的一切來發揮療癒的功能，不再傷人。
（T-25.VI.4:1）

我們每個人與自己的缺陷之間，都存在著某種特殊
關係，可以說，這些缺陷正是我們界定自己一生的基本
要素。我們若非想盡辦法克服並彌補缺陷，就是緊抓著
它們來證明自己是無辜的受害者。我們十分珍惜自己這
些特殊的缺點和瑕疵，因為所有的不完美恰恰能為我們
「無辜的自我概念」撐腰，並且要別人付出代價。儘管
如此，聖靈並不會解除這個特殊性，也無意摧毀或懲罰
它們，相反的，祂會仁慈溫柔地藉用我們的特殊問題作
為教學輔助工具，引領我們回家。

祂賦予每一個人唯獨他才能完成的救恩任務，
專門為他設定了一個角色。（4:2）

我們的特殊任務就是「學習寬恕自己的缺陷」；任
務的形式雖有不同，寬恕的內涵則完全一致。儘管每個
人的道路各不相同，但是，藉由改變人生的目的，由罪
咎轉成寬恕，我們便在歸鄉的旅途合一了。我們如實學

習寬恕自己特殊的缺陷，也學習寬恕我們在他人身上所看到的缺陷，如此舉一反三並推己及人，於是，我們從一人身上所學到的經驗，等於為所有人而學——因為人間的缺陷也無層次之分。我們終將看清，唯一該為自己的不幸負責的，就是我們，別無他人；唯一有待修持的功課（也是所有人的功課），就是從小我充滿罪咎及挫敗的噩夢醒來；唯一能達此目標的答案，就是寬恕；而唯一能傳授寬恕的老師，就是聖靈。

我們一旦知道自己已被寬恕，小我就再也無法利用這些缺陷來掩藏內心的罪惡感；否則，它會進一步投射出去，我們又會在他人身上看到自己的缺點與失敗，還要他人為自己的不幸負責。如今，我們識破了小我所捏造的罪與謊言，明白沒有一個問題能阻隔我們與上主的愛，祂的聖愛一直與我們同在。我們不圓滿的人生無需再為不圓滿的分裂之念代言了，於是，人生的種種不圓滿「終將隱沒於它所源自的虛無中」（M-13.1:2），而奠基於判斷和限制的小我思想體系也會隨之消失於無形。

> 除非他找到自己這份特殊任務，完成聖靈指派給他的角色，否則便無法在不圓滿的世界重獲圓滿，整個救恩計畫就此功敗垂成了。（4:3）

這是個不圓滿、有缺憾且備受束縛的世界，因它源自於一個不圓滿、有缺憾且備受束縛之念，正所謂「觀念離不開它的源頭」。〈練習手冊〉也明白指出，一個「為了攻擊上主而形成的」世界（W-PII.三.2:1），它除了不圓滿、有缺憾且備受束縛之外，還能如何？仇恨、恐懼、孤獨與死亡，就更不在話下了。縱然如此，我們在這世間仍可以活得圓滿，因為我們其實是心靈，不是這一具身體。只要我們與為圓滿自性代言的天音結合，不再聽從小我的匱乏之聲，也不再和它的特殊性結盟，我們必能憶起自己的圓滿無缺。

指派這份任務給我的人，其實就是**我自己**。早在我為自己撰寫充滿缺憾的人生劇本之時，就已指派自己一個「受害者」的角色，同時還排定了最終該為我的缺憾人生負責的人選。如今，我開始向耶穌求助，雖然仍活在同一個充滿缺憾的劇本裡，但我已改寫了它的結局，不再視自己為受害者，而是一個開始學習寬恕的人。我會提醒自己，圓滿僅僅存於正念之內，它不受身體以及造出身體的妄念心靈所支配。

在這世界，上主之律雖然尚未大化流行，但他仍有一件完美的事有待完成，仍能作出一個完

美的抉擇。（5:1）

所謂「完美的事」，就是寬恕，唯有透過寬恕，我
們才能完成自己的特殊任務；至於「完美的抉擇」，則
是選擇聖靈作我們的導師。確實，我們在世間所能做的
完美之事，唯有寬恕而已。我們無法擁有完美的身體、
人際關係、工作，或任何完美之物，更無法活在一個完
美的世界，因爲世界原本是爲了**不完美**而造出的。縱然
我們無法改變這樣的世界，依舊可以改變自己賦予世
界的目的。我們在世間所能做的完美之事，就是放下評
判，重新看待世間的不完美，**這是**我們可以學到的眞正
完美。

> 只要他決心特別忠於一個被他視爲異己的人，
> 就會當下看出這是上主給自己的禮物；由此可
> 見，他們必是同一生命。（5:2）

這個「特別忠實的決心」，乃是針對特殊之愛及特
殊之恨的對象而說的，也就是被我們視爲「異己」之
人。在本書的主題下，這個「異己」也可以視爲跟我
們不一樣的種種缺陷，它們是道道地地的特殊關係。此
刻，我們若想完成特殊任務，就必須正視自己的特殊關

係。我們過去認為對方不只外表或形式跟自己殊異，內涵也大不相同，如今透過內在聖師的引導，我們終於承認自己的看法有誤，原來我們全都一樣，不只在缺陷上如此，在無限的本質也是如此。你我的人生表相可能截然不同，但我們已清楚看出，大家都陷於同一個戰場，只是立場有別、武器不同罷了，骨子裡全是同一回事。所以耶穌才說：我所給你的寬恕，也是給我自己的，因為我們是同一個生命；**你**並不在我的心靈之外，**我**也不是自己心靈之外的一具身體。耶穌在〈正文〉如此連聲追問：

> 如果你認清了這世界只是一個錯覺妄想，你會如何？如果你終於了解這世界是你自己一手打造的，你會如何？如果你真正明白了，在世上來來去去的那些會犯罪、死亡、攻擊、謀害，最後一死了之的芸芸眾生，都不是真的，你又將如何？你若接受這一事實，還會相信眼前所見的一切嗎？（T-20.VIII.7:3~6）

倘若我們能接受「世界只是一個錯覺妄想」這個事實，就不會被充滿缺憾的世界激怒，更不會因之大肆批判或發動攻擊，否則，自己反倒成了有待解決的問題之

一，而這就是世間問題無法真正解決的基本原因。人們往往在試圖解決問題之際，不管最初的動機如何純正，卻製造出更多的問題。只因人們把缺陷、不完美和問題過於當真，看不出問題的根源其實在自己身上。如此本末倒置，豈有療癒的可能，更別提慈悲為懷了！

　　寬恕是為所有人而設的。（5:5）

　　這句話是說，我們需要寬恕聖子奧體的**每一層面**，且絕無例外；此一原則乃修練奇蹟的重要關鍵。我們也可將此觀念應用在寬恕自己所看到的「**所有**缺陷」，且絕無例外。換言之，沒有一點小我的黑暗無緣得到耶穌的療癒以及他的溫柔慈愛。耶穌在〈正文〉最後一章「最終的慧見」說：「*再也沒有一點黑暗遮蔽得了基督的聖容。*」（T-31.VIII.12:5）是的，**再也沒有一點黑暗**！若還有一點自己或他人的缺陷陰影是我不甘願寬恕的，表示我寧可留在小我黑暗的罪咎之念中，這正是一切缺憾的起源。耶穌的慧見必須涵蓋幻相的所有層面，正因如此，他的課程才會這麼難修。也難怪耶穌會說：「*要學習本課程，你必須自願反問內心所珍惜的每一個價值觀。*」（T-24.in.2:1）所謂「每一個價值觀」，包括了我們賦予小我一切限制的正面或負面之價值，誠

然，幻相無層次之分，故沒有一個缺失會比其他的缺失
更重要或更不重要。但是，我們也不必因自己認同了小
我的限制而感到內疚，要知道，若非因為認同小我這個
傾向，我們也不會來到人間了。就在耶穌將特殊性的目
的由罪轉為救恩之刻，特殊性的內涵已獲得了溫柔的寬
恕。

> 直到所有的人同蒙此恩，它才算大功告成，世
> 界也因之功德圓滿。那時，時間便沒有存在的
> 必要了。但當我們還活在時空之內，仍有許多
> 可為之處。（5:6~8）

上面這段話雖然啟示了圓滿無缺的旅程終點，不
過，那並非我們此時的焦點所在，只因我們尚未達到那
一境界，我們仍相信自己活在時空之內，我們「仍有許
多可為之處」，而寬恕正是這個有待我們學習的功課。
當一個人完成了他的特殊任務，寬恕了所有的缺陷，他
是為所有人做的──因為心靈本是一體。雖然如此，只
要還有部分的心靈仍相信自己活在這世間，尚未作出那
一選擇，這種時候，凡是已經作出決定之人必能幫助尚
待決定者，提醒他們：「你也能作出同樣的選擇。」

> 每個人都需負起被指定的任務，因整個救恩計
> 畫有賴於他那一部分才能完成。他在時空世界
> 確有一個特殊任務，他必須作此選擇，且不改
> 其志，這才會成為他的任務。上天從不否定他
> 的夢想，只會幫他改變形式，純然為了弟兄與
> 他自己的益處，如此，他的夢想才能成為拯救
> 而非淪喪的工具。（5:9~11）

上面所說的「改變形式」，即是指我們所選擇的特殊缺陷成了聖靈幫助我們改變心靈內涵（目的）之工具。我們無需漠視或彌補缺陷，只需單純地把缺陷賦以寬恕的仁慈目的，才是我們得以返回天鄉的唯一要務。所有的缺陷或瑕疵，不斷提醒我們仍活在罪與咎的信念下，讓我們以為自己失落了純潔，如今，這些缺陷反而變成救贖的工具；原本用來傷人的缺陷，成了把我們從錯誤選擇拯救出來的途徑。小我的目的恰恰相反，它會利用特殊的缺陷，使我們有家歸不得，繼續困鎖在無情的有限世界與失心的身體內。

有一點必須一提，接受自己的現實處境，並非等於不可改變外在環境，而是不要為了錯誤的理由而改變外在生活，因為這種改變通常反映出一個人的特殊性。在

我們企圖改善自己或改良環境之前，應先撤除不斷打壓心靈、腐蝕心靈的罪惡感，讓內心的療癒之愛在心靈中自由運作，如此一來，無論我們做什麼或說什麼，必能惠及自己和他人。請記住，我們此處所談的不是行為層次，而是仁慈的寬恕，唯有它能夠讓我們擺脫憤怒，流露愛心。

> 救恩不過提醒你，這個世界並非你的家。你也不受世間法則的支配，它的價值觀代表不了你的價值觀。你自以為在世上看到的一切，都不是真實的。（6:1~3）

想一想，這個處處受限的世界既然不是我們的家，何苦去修補它？何不接受耶穌的勸告，找到自己真正的家？這充滿缺陷的身體也不是我們的真面目，又何需枉費精力去彌補？為了讓我們確切看清，耶穌還進一步指出，我們是如此神智不清，看到了並不存在的東西，幻想著並非真實的事物，然而，那套有限的運作法則並非世界強加於我們身上的，因為世界根本不存在，不存在的東西如何能左右我們？是我們將自己甘心受限及匱乏的願望強加給世界，看起來卻像是世界將這些限制硬套在我們身上，唯因如此，我們才能藉機忘記這是**自己**的

傑作。我們選擇了自己的缺陷，因我們選擇活在小我的
法則中。我們最初會作出這樣的決定，只因中了小我的
圈套，以爲可以藉此鞏固我們的個別身分。由此可知，
重點不在改變缺陷本身，而是改變我們賦予它的目的，
也就是換一位新老師，祂會教我們如何以仁慈的心諒解
自己與他人的過失，不再攻擊和批判。容我再說一次，
我們無需改變外在的缺陷，而是要改變我們對外在形式
的看法，誠如〈正文〉這句重要的提醒：「爲此，不要
設法去改變世界，而應決心改變你對世界的看法。」
（T-21.in.1:7）

> 自從他選擇特殊性而傷害了自己的那一刻，上
> 主已把特殊性指定爲救恩的工具了。於是，特
> 殊的罪轉變爲特殊的恩典，特殊的恨也轉變爲
> 特殊的愛了。（6:6~8）

我們一旦不再試圖改造外境，而是改變我們對狀似
在外之物的心態，將批判的眼光轉成聖靈的慧見，特殊
性的目標至此一轉，變成寬恕的目的。爲此，耶穌提醒
我們，無需爲那些有限的魅影而煩惱或生氣，因爲我們
來到世上的功課正是要化解那些魅影。反之，如果我們
開始判斷、感到內疚，或產生「必欲除之而後快」那種

嫉惡如仇的心理，就已經把魅影弄假成真了。要知道，正念之心只有一個目標，就是反轉小我引誘我們來到世間的理由，將那條誘使我們走向神智失常的「小小瘋狂之路」，反轉成一條帶我們回家的「繞行之道」；雖需繞道而行，但也跟走直路一樣，終必引領我們安抵家園。繞道雖然費時，反正時間本身並不存在，我們無需給自己或他人壓力，加重彼此的罪咎。此時，我們更需要以溫柔的耐心來對待自己和他人，看吧，我們終於能夠對小我瘋狂的分裂及限制之念一笑置之了。

> 聖靈有賴你的特殊任務才能完成祂的任務。不要以為你在世上沒什麼特殊價值。只要是你想要的，你一定會如願以償。（7:1~3）

請注意，小我賦予缺陷的特殊價值，正是我們渴望的，而且全都如願以償了。唯因上主不會認同任何缺陷的價值，我們只好在自己身上下手，造出種種缺陷。直到聖靈接手，為我們打造的一切賦予真正的價值，也就是我們的特殊任務。反觀人間充滿缺憾的特殊關係，讓我們想起最初選擇「與小我結盟」那個特殊關係，於今它的目的已然翻轉了，因為我們已經能夠把心思放在心靈而非身體，修正了當初錯誤的選擇，也因之擁有了自

己想要的「特殊價值」。

> 所有你打造出來之物，都能輕易地轉為救恩的
> 增上緣。不論上主之子作何選擇，聖靈都能藉
> 此發揮百益而無一害的效用。（7:4~5）

這句話道出了《奇蹟課程》的核心要旨。我們之所
以不怨恨有限的世界或身體，反倒欣然接受它們，並非
因為它們本身有何美好，而是因為這些缺陷能讓我們從
錯誤中學習，完成自己的神聖任務。但如果我們開始批
判，就無法從中學習了，因批判只會讓人陷入罪咎，落
於萬劫不復之地。如今，我們將種種錯誤和缺陷當成觀
照心靈瘋狂念頭的增上緣，接下來的一切必會全然改
觀，只因這處處受限的人生如今已有了寬恕的意義。

> 你的特殊性只有在黑暗中才會露出它的利爪。
> （7:6）

活在這個人生戰場，我們一旦領教到特殊性的陰暗
面，它的凶狠、憎恨及痛苦，勢必會感受到活在有限自
我的後遺症是何等可怕！這種「自我概念」根深柢固的
罪咎感，只會驅使我們更加耽溺於特殊關係，這正是小
我用來逃避罪咎感的瘋狂之舉，沒有錯，我們的特殊關

係只有在罪咎的淵藪才會露出它傷人的利爪，而罪咎正是「有限性」的產物。

> 在光明裡，你會認出那是你在救恩計畫所負的
> 特殊任務，保護上主之子不受侵犯，還幫他明
> 白自己不論在時空內或永恆中都能高枕無憂。
> (7:7)

耶穌在「聖靈的判斷」一節也提過類似觀念：攻擊反映出內心的恐懼，而恐懼其實是向自己所拒絕的愛求助(T-12.I)。在罪咎的眼光下，特殊性無異於攻擊；透過寬恕的眼光（即聖靈的慧見）來看，特殊性則剛好給了我們學習神聖一刻的機會，它是引領我們回家的唯一途徑。過去小我引誘我們向下沉淪的束縛之路，如今轉為聖靈所用，成了我們的歸鄉之路。

再提醒一次，《課程》並非要我們否定生活或形體的任何缺憾，無論是個人或集體的限制皆然。人生即課堂，我們若只在嘴上夸夸其言：「反正四大皆空，故也無需理會任何問題。」刻意忽視周遭所發生的事，等於封閉了耶穌在這時空中唯一能幫助我們的途徑。話說回來，這其實是我們拒絕的原因所在，只因小我根本不想

要協助。在這個世間，倘若我們硬是裝成自己不是家中的一員或世界的公民，聲稱自己完全不在乎周遭發生的事，我們便落入了「否定」的陷阱。別忘了，充滿缺陷的人生正是我們學習的課堂，提供耶穌幫助我們的機會，將特殊的罪轉變成特殊的恩典，特殊的恨轉變為特殊的愛。反之，我們若否認自己其實早已相信這些缺陷是一種罪過，就無法將罪轉變成恩典；若否認此一信念充滿了怨恨，便無法將恨轉變成愛；若否認這一切只是一個錯誤，便無法修正這個錯誤。

耶穌一再鼓勵我們：「讓我幫助你用我的眼光看待你的世界吧，從此，你對每件事的看法便會截然不同。」他教我們看出每個人都在求助，請留意，他是說**「每個人」**，而不是有些人，更不限於我們喜歡的人。盱衡世間，任何衝突，無論是國際事件或個人爭端，你會發現，雙方永遠有不同的善惡立場及觀點。究竟的真相是，夢境中的每個人都是善的，也都是惡的，而且每個人都是神智不清的；神智清明的善類不會來到這個人間戰場，他們會留在清明與至善的天鄉。好好正視一下你的「排他」或「例外」的傾向吧，特殊關係的**特徵**就是排他性，而神聖關係的**本質**則是包容一切。特殊性必

會排除異己，自然離不開相互比較；以聖靈爲師的神聖關係則包容一切眾生，絕無例外。請記得，這樣的仁慈胸懷才療癒得了分裂及限制的信念，也才能帶領我們走上歸鄉之路。

> 這是上天爲了你的弟兄而賜你的任務。現在，輕輕地由弟兄手中接下這一任務吧！救恩方能在你內圓滿成就。你只要履行這一任務，其餘的上天都會賜給你的。(7:8~10)

如果我們眞心想要幸福與平安，想要擺脫罪咎、恐懼和痛苦，只需做**一件事**，就是「寬恕自己的缺陷」這個特殊任務。我們必須請求聖靈幫助我們，用不一樣的眼光來看待特殊之愛與特殊之恨的每一個對象，他們全是我們自己的缺憾所投射出來的，因爲說穿了，我們其實是一丘之貉。在此也必須提醒一聲，想要轉化眼光、轉化特殊關係，我們最好要有心理準備，因爲做到這點並不容易。有些特殊關係也許容易下手，而對某些特殊關係，我們就是百般不願放過彼此的差異。回到先前提過的柏拉圖洞穴寓言，我們就像穴中之人，完全想像不到影子之外還有其他世界存在，究其根本，我們並不想逃出洞穴的監禁——那個代表分裂、特殊及限制之念的

小我監獄，我們早就以它為家了。

我們若能察覺自己對這一單純真理的抗拒，返鄉的速度必會大為加快。說真的，我們無需假裝自己的靈修境界有多高，但卻必須承認自己多麼容易掉回批判的習性，多麼容易著眼於自己和他人的缺點，多麼容易發動攻擊，又多麼容易為自己缺乏愛心的念頭及行為找藉口，彷彿我們眼中的缺陷真有大小輕重之別。

我們常忘了，光是投胎為一具身體，就已經為自己設限了。**這一領悟**才是關鍵，因為它點出了小我的有限及上主無限之愛的分野，只有這個分野才有舉足輕重的影響。除此之外，一切都在同一個幻相中，某人某個具體缺陷根本無關緊要。幻相怎麼可能影響得了上主的平安？如果連上主都看不見我們的缺陷，我們又何苦老盯著缺陷不放？除非我們認為自己比上主懂得還多。毋庸置疑，這正是我們一開始所犯的錯誤，認為上主完美的愛及一體生命還不夠，逕自打造出一個世界，自立為王，與上主一較高下，從此，有限生命好似戰勝了無限之愛一般。

我們不妨以歷史為鑑，看看人類過去鬧鬧騰騰、血

跡斑斑的一長串紀錄，再看看當前的處境，我們把世界搞成什麼樣子了，簡直是一塌糊塗！這一宏觀會幫我們幡然省悟，原來，一塌糊塗正是世界的本質。若把人類處境歸咎於某個人或某個團體，那就太天眞了。雖然從另一層次來說，它確實**可以歸**咎於「一個人」及「一個團體」，就是上主的「唯一聖子」，以及陷於分裂狀態的「聖子奧體」。沒有錯，是我們「所有的人」把世界搞得如此一塌糊塗的，因爲我們當初竟然相信自己離開天鄉後還可能找到幸福。既然如此，又何必五十步笑百步？一塌糊塗就是一塌糊塗！

既然我們都還陷於人間，在內涵上，每個生命其實都一樣。看看耶穌如何形容我們的身體及小我吧，「有辱上主造化的拙劣贗品」（T-24.VII.10:9；1:11），這個一文不值的替代品，卻想取代上主所創造的光輝基督自性（T-16.IV.8:4）。只要我們一頭栽入小我拙劣的思想體系，形式上的差異有何重要？我們竟如此在彼此的缺陷上論長道短，可謂瘋狂至極！人間只有一個判斷稱得上神智清明──所有的缺陷都是同樣的神智不清，絕無例外。

這一番領悟，能喚出仁慈的療癒力量，撫慰聖子奧

體中所有深陷苦海的人，包括自己在內。我們在此的任
務只是向他人示範，自己不再矚目人間的一切缺陷時所
獲得的喜悅，如此，聖靈無限的愛才能流經我們，將源
自無限之境的平安傳遞給有限世界中所有的分裂之子，
這也是本書最後一章所要發揮的主題。

5 寬恕的表率

先前耶穌叮嚀過我們：「不要爲生活中的種種魅影而煩惱，因那正是我們來到世上的功課。」他教我們認出，世界既是我們學習的教室，同時也是我們教人的課堂；我們必須加入這一面向，教學的觀念才算完整。也就是說，當我們完成了自己的特殊任務，學會了寬恕，身心自由之後，才可能成爲聖靈之愛的推恩管道。

我們在〈詞彙解析〉也讀到類似的觀念，一如耶穌成了聖靈的化身，他要我們也成爲他在世的化身（C-6.5:1~4）。在〈學員練習手冊〉複習五的導言，耶穌說出充滿慈愛的期許：

這是我唯一的要求；你會聽到我說的話，再將它們帶回人間。你是我的聲音、我的眼睛、我的手足，我必須藉著它們才能拯救世界。

（W-複習五.in.9:2~3）

因此，我們在這個最後的一章要來談談「如何成為耶穌的化身」，尤其是「如何把自己的種種缺陷轉為教人的教材」。現在，就從〈教師指南〉第二十六則「我們能夠與上主直接相通嗎？」第三段開始：

> 世界上的任何境界，都是虛幻的。（M-26.3:7）

請先深思一下「世界上的任何境界，都是虛幻的」這句話裡「任何」一詞的意義。一路探討下來，諸位對「缺陷或限制沒有層次之分」的觀念應該已經不陌生了，因為世上一切全屬虛幻，包括《奇蹟課程》、耶穌以及我們每個人，無一例外。

既然世間無一物處於完美的一體境界，表示此地無一物出自上主，故也無一物是真實的。幻相世界唯一值得區別的，只有「妄念的幻相」與「正念的幻相」而已；前者鞏固分裂，而後者化解分裂。這是我們在分裂之後唯一具有意義之區分，除此之外，針對形形色色的**表相**評比高下，實在一點意義也沒有。

> 一個人如果能直接且持久地與上主相通，他的肉體生命必然難以維繫下去。（3:8）

是的，一旦經驗到與上主渾然一體的境界，表示心

靈已經不再分裂，身體便會隨之隱沒。

> 只有極少數的聖賢，為了普度眾生而捨下自己
> 的身體。(3:9)

所謂「聖賢」，指的是像耶穌這樣的開悟者，亦即
第二十六則第二段所說的「眾師之聖師」，以及〈心理
治療〉提到的「已經臻至真實世界的完美心理治療師」
（P-2.III.3:7~4:4）。然而，真正超越所有限制的聖賢畢竟
如鳳毛麟角，因此我們無需將焦點放在聖賢的境界，而
應把心思集中在寬恕的過程；唯有透過寬恕，我們才能
像他們一樣，帶給眾生無限的助益。

> 為此，他們需要藉助於一群仍在束縛與昏睡中
> 的人，因著這群助手本身的覺醒過程，使得上
> 主天音傳揚於世。(3:10)

這段引文是耶穌教誨的精髓所在，引文中的「他
們」和前文提到的「資深上主之師」相呼應，他們跟站
在階梯下端而仍相信自己是一具身體的人完全不可同日
而語。資深上主之師體現了耶穌在〈教師指南〉第四則
所講的十種特質，儘管他們仍然活在小我的世界，但他
們的境界已足以成為上主天音的管道。正因如此，耶穌

才說：

> 因此，不要為生活中的種種束縛而感到沮喪。
> 你的任務乃是擺脫束縛，而不是逃避束縛。你
> 必須使用人們能懂的語言，受苦的人才會聽到
> 你的聲音。但你必須先搞清楚究竟是什麼有待
> 解脫，才堪當人間的救主。救恩不是一套理
> 論。(4:1~5)

這才稱得上是正視自己限制的正念之見！然而，於此
之前，我們必須先消除一切限制的元凶「咎與恨」才行。
小我把我們困鎖在人間，就是不想放棄這些缺陷與束
縛，我們才有藉口怪罪他人，要對方為自己的不幸和厄
運負責。因此，我們必須明白，當我們學會了此生的功
課，完成自己的特殊任務時，外在的缺陷未必消失。重
點是，我們不會因這些缺憾而氣餒或擔憂，我們的任務
並不是要在人間活得完美無缺，而是我們不再因這些
缺陷而加給自身不必要的罪咎重擔。明白這一點，我們
才可能了解，為何像羅摩克里希納（Ramakrishna）〔譯註〕

〔譯註〕羅摩克里希納（1836~1886）　近代印度宗教改革家，孟加拉神秘
　　　主義者，畢生致力於印度教之確立與實踐運動。

以及拉馬那（Ramana Maharshi）〔譯註〕那樣的開悟者也會罹患癌症。他們其實為我們示範了完美的一課，即使在重病垂危之際，仍能保持內心的平靜。換句話說，既使身體生病，心靈仍可保持健全和圓滿。

我們需要這些限制讓自己繼續存留人間，透過它們，別人才可能與我們互動。人們要跟沒有形體的耶穌互動是極其困難的，所以我們才需要那些看起來跟我們一樣的人作為表率。他們雖然也有類似的問題和種種缺陷，但有一點不同，就是他們時時聆聽著另一種聲音。正如〈練習手冊〉第一百五十五課開頭所描述的上主之師的特質（雖然文中沒用「上主之師」這一詞）：他們外表看起來跟其他人沒兩樣，但臉上更常掛著微笑，而且面容安詳，眼神寧靜（W-155.1:2~3）。他們與眾不同之處，並非在於談吐、飲食，或穿著，而是他們能透過有限而不完美的自己傳達愛心，展現出安詳與仁慈。

請注意這句話，「你必須使用人們能懂的語言，受苦的人才會聽到你的聲音」，很遺憾的，有些奇蹟學

〔譯註〕拉馬那（1879~1950）著名的印度教導師，他的教導超越了各宗教間的藩籬，呈現出平等雍容的整合風範。

員為了顯示自己是神聖的、有靈性，且形上理念合乎正見，他們的言談舉止不再像個正常人，不再使用一般人聽得懂的語言。甚至有人參加喪禮時，衣著亮麗，笑容滿面，一副來慶祝「什麼事也沒發生」的模樣。當周遭的人都發乎真情地哀悼，這些「神聖」的學員竟然面帶笑容，神情愉快，藉以顯示自己知道在形而上的層次「死亡也是虛幻的」。不幸的是，他們與那些有待他們愛護及幫助的人分裂了。他們只是假裝自己已經超越了束縛，但從其舉止看來，他們什麼也沒超越。更遺憾的是，類似的例子實在不勝枚舉。〔原註〕

回顧前面的討論，我們不難明白上面這段引文的重要性，耶穌提醒我們不要為生活中的種種缺陷或束縛而煩惱，那些限制並無大礙，因我們的缺陷恰恰成了他人可以接受且聽得懂的管道。我們追求的，並非活得與眾不同，亦非比他人更神聖或更有靈性，而是用人們最容易接受的方式，把心中的愛推恩出去。為此，請千萬要記住，這部課程矚目的純屬**內涵層次**，而非**表相形式**。我們的任務只是移除任何阻擋我們覺知真愛的障礙，如

〔原註〕若要進一步探討這些實例，請參考本書上篇「如何才能放下判斷？」。

此而已。耶穌在〈正文〉中，一再從不同的角度來傳達同一觀念：我們的任務只是選擇奇蹟、救恩，和與生俱來的神聖生命，至於它們如何推恩並非我們的責任；我們的任務只是騰出空間，讓愛得以延伸出去，不必操心它在世間會採用什麼形式或管道。

所有「不二學派」的危險之處，就在於人們會用它來抵制或逃避小我，這也是奇蹟學員最容易犯的嚴重錯誤。他們以「世界是一個幻相」爲由，就認爲自己無需去面對世界的挑戰；遇到問題，尤其是棘手的人際關係，往往拿幻相爲藉口而置之不理。耶穌再三提醒我們不要否認自己的感受及種種缺陷來拒絕他的幫助，因他需要藉用這些限制才能將我們領向無限之境；他要我們否定的，只限於小我對人際關係和當前處境的詮釋而已。

海倫·舒曼與比爾·賽佛的經歷，以及筆錄《奇蹟課程》的過程，正是耶穌善用人間缺陷之最佳範例。這部課程並沒有找上不食人間煙火的隱士修女，而是兩位身陷俗世的心理學家，他們卡在尖銳對立的關係中，終日面對哥倫比亞長老會醫學中心內部的明爭暗鬥。他們的處境可說是小我思想體系「競爭與憎恨」的最佳寫照；他們所在的城市紐約，堪稱爲特殊性與貪婪集大成

之地，饒有深意的是，這個充滿缺陷的世界，正是《奇蹟課程》的誕生之地。此外，海倫筆錄《課程》的期間，恰是她和比爾最忙碌的時期。記錄《奇蹟課程》的工作，必須擠入他們早已忙得不可開交的行事曆中，舉凡申請研究補助、編輯期刊、撰寫論文、管理整個院系等等的行政事務，已夠他們焦頭爛額了，還得處理醫學中心各層面的人事問題，而他們兩人之間棘手的關係更是不在話下。

上面這個例子，給了我們一個重要的啓示：分裂的聖子奧體所受的束縛確實大不相同，因而每個人的返鄉途徑也不盡相同，儘管有些人可能受到上天的指引而遠離俗世生活，但這種例子極爲罕見。可以說，《奇蹟課程》正是針對那些混跡人間、過著尋常生活的凡夫俗子而來的。除了寬恕之外，《課程》並不要求我們過著異於常人的生活，換句話說，我們無需改變有限的生活表相，而只需改變背後的**內涵**或目的。

接下來要探討的是，〈教師指南〉第二十一則「語言在療癒過程中扮演什麼角色？」，雖然此文一開頭就定義了語言的虛幻性，但我們卻能賦予它不同的目的：

> 反正上主聽不懂人的語言，因為語言乃是分裂
> 的心靈為了繼續活在分裂的幻境中而造出來
> 的。（M-21.1:7）

既然語言是為了攻擊上主而造的，它本不具正面的
功能，而是要讓我們繼續活在分裂的幻境中，而且它
「只是象徵的象徵……離真相有雙重之隔」（1:9~10）。
順帶一提，這句話援引自柏拉圖的《共和國》，意謂
語言是概念的象徵，而概念僅僅是真相的代表。例如，
上主的愛才是真相，我們對此真相產生一種概念，然後
用語言來描述這個概念，但是語言和概念都**不是**真愛本
身。

雖然如此，耶穌在第四段卻說：

> 那麼，上主之師教導他人時，是否該避而不用
> 語言？絕非如此！（4:1~2）

實際上，耶穌是要我們留意，不要刻意表現自己形
上理念的正確，那反倒可能侵犯到他人。人的存在內
涵，原本是建立於分裂之念，因此才會衍生種種的束縛
及問題。我們相信自己離開了上主，並且與弟兄是不同
的生命，所以才會深陷罪咎，不能自拔。既然問題出在

我們把分裂信念當眞了，那麼解決之道自然得靠合一的
體驗。如果我自以爲修行境界很高，用言語來論斷批評
你，我便是在教導及強化你的根本問題，同時也凸顯了
這正是我的問題，因爲我只不過是用言語來繼續分裂彼
此罷了。話說回來，儘管語言原本是爲了維繫彼此的分
裂，現在終於可以效忠不同的目的了。

> 許多人仍無聆聽「大音希聲」的能耐，他們非
> 靠語言不能交流。(4:3)

許多人害怕安靜，因爲小我警告，如果我們靜下
來，防衛就會鬆懈，上主便會逮到我們。有趣的是，基
督教基本教義派相信，如果人們的心靜下來，惡魔就
會找上門，正因如此，他們不採行靜坐冥想。其實，那
不過是擔心自己一靜下心，罪咎便會浮現眼前而已。爲
此，小我才發明了一套喧鬧的思想體系，因爲罪與咎不
可能帶來寧靜，對上主天譴的恐懼也令人忐忑不安。請
記住，小我的聲音絕不會像聖靈之音那般輕柔，它永遠
是尖銳沙啞的噪音，爲了掩蓋這些噪音，小我又用喧囂
的世界（包括我們身體的雜音）來層層掩飾。我們害怕
安靜，因爲怕身體一靜坐不動，表示心靈會跟著沉靜下
來，在寧靜中我們就會聽到那隱微而平和的聖靈之聲。

為此，小我才會發出仇恨、痛苦及死亡的刺耳噪音，企圖淹沒聖靈輕聲溫柔的訊息，再用身體及世界的喧騰之聲蓋過它的噪音。

正因人們一安靜下來會感到不自在，所以需要借助語言，就此，我們可以藉由正念，賦予語言不同的目的，不用它來分裂彼此，而用它來證明我們從未離開上主，也不曾與弟兄分裂。如果你神智清明，而我不是，則你的清明會用我「不害怕的方式」讓我感受到愛。下面這段話所要闡明的，正是此意。

> 救贖的價值是無法靠它所呈現的形式來衡量的。事實上，若要真正發揮大用，它必須以最有利於領受者的形式出現才對。也就是說，奇蹟必須按照領受者所能了解而且不害怕的方式呈現，才可能功德圓滿。（T-2.IV.5:1~3）

的確如此，不論你對我所說的話及所做的事以何種形式呈現，都不會激起我的恐懼，這才是重點所在。貝多芬有一段故事，鮮活地傳達了**內涵**重於**形式**的道理。大師有一位摯友，因為喪子而痛不欲生，他便邀請這位朋友到家裡。朋友來了之後，大師坐在鋼琴前對友人

說：「讓我們用樂聲交流吧！」然後一語不發地演奏了一個多小時。事後，這位友人告訴她的朋友：「他對我道盡一切，帶給我莫大的安慰。」

在〈心理治療〉一文中，耶穌提醒治療師，想要了解病患的需求，治療師只要專心且眞心聆聽，病患自會透露他們所需的一切(P-3.I.2:1~7)。如同我再三強調的，耶穌指的是**內涵**，而非**形式**。**聆聽吧！**不管心理專業教科書或訓練課程教了你什麼，先別假定自己知道該說什麼或做什麼來治療病患，實際上你無從知道的。好好**聆聽吧！**唯有讓你的心安靜下來，聖靈才能透過你發言，而且保證你無論說什麼，都會溫柔慈愛地幫助你的病患。如今，語言承載了不同的意義，因爲它們來自不同的「源頭」，爲不同的目標效力，也就是讓仁慈的療癒力量取代了分裂的攻擊行爲。

然而，上主之師必須學習新的遣詞用字之道。

(4:4)

過去都是小我告訴我們該說什麼該做什麼，好比說，我認爲自己知道此時此刻你需要什麼，譬如一帖有益健康的「奇蹟課程良藥」！若眞如此，我並沒有爲

你示範《課程》所教導的仁慈溫柔之道，而是用它的道理來敲你的腦袋，混淆了**形式**與**內涵**。顯然，如果我沒有把《課程》的教導和它的源頭（即上主的愛）連在一起，這部課程對我而言，不過是一堆無意義的象徵符號罷了。雖說我原想告訴人《課程》的教誨是眞實不虛的，然而，讓它眞實不虛的，是啓發這部課程的無私之愛，我此生的目標即是成爲這個愛的化身，讓愛透過我而流出。我無需知道自己該說什麼或做什麼，只需記住自己必須退到一邊，這才顯示了我的小小願心。換句話說，重點不在我說了什麼，而是讓「誰」透過我來發言，因爲眞正的老師是上主之愛這個內涵。

各位應該還記得，耶穌在〈教師指南〉開門見山就說：「教人，其實就是以身作則。」（M-in.2）我們所示範的，若非聖靈，就是小我的思想體系。無論我教的是算術、核子物理、《奇蹟課程》，或是水電修復，都毫無差別，在**內涵**上，我要不是教小我的思想體系，就是教聖靈的思想體系。你從我身上學到的，並不是我口中說了什麼，那完全無關緊要，而是我傳達的究竟是「恐懼、罪咎及分裂」，還是「療癒、寬恕及愛」的訊息？當然，我會依照當時的場合來教，你若是來學算術，我

不會教你核子物理，答非所問，根本稱不上是愛的表現。即以算術而言，有兩種方式可以教人，一是讓學生感到受挫，二是讓他獲得肯定。學生在這兩種教學方式下都能學會二加二的計算法，但前者讓他感到內疚及羞辱，後者則是接納和尊重。正如耶穌所說的：「請勿向人宣揚我無謂的死亡。而應教他們看出我並沒有死，我正活在你內。」（T-11.VI.7:3~4）我們若要有效地傳達耶穌復活的思想體系，也就是從死亡的夢中覺醒，就得親身活出來才行。容我再說一次，我們必須透過自己的種種束縛，向這個幻相世界示範耶穌的教誨，只因人們認為自己也活在同樣的束縛當中（T-25.I.7:4）。

　　寬恕是從夢中覺醒的關鍵，表示我們明白了「分裂從未發生過」。除非我相信這點，否則無法向人示範這個救贖原則。換句話說，我必須先化解自己的「不信」，也就是放下「判斷及特殊性」的思想體系。我若想要讓自己看起來很神聖、有智慧、傑出耀眼、是個慈悲為懷的人，我其實是在教人這種需求，而不是終結這種需求。我必須先覺察自己在不同環境中竟有這麼多的需求，一旦覺察到了，我才可能真心向耶穌求助。同樣的，我也不會問自己該教什麼或說什麼，而是求他幫助

自己的小我退到一邊。我無需假裝自己沒有小我，沒有任何缺憾，我眞正需要的只是「擺脫小我」這個**願心**。

　　耶穌在另一段訊息曾提醒海倫，不要問他該對某人說些什麼，就算是出於善意地問：「耶穌，這裡有一個人需要幫助，我該說些什麼呢？」耶穌基本上只會回答：「別問我要說什麼，而是讓我幫你透過平安而不帶評判的眼光來看待此事。」〔原註〕只要我們能夠放下自己的判斷，所說的話必會有益他人，因爲它必然出自一體不分的心境。當一個人與耶穌合一了，耶穌的愛便會從這合一處流出，並且透過他的言行展現出來。容我再提醒一次形式與內涵的差別，我今天對你說的話未必與明天要說的一樣，如果我是一位治療師，在兩點鐘對甲患者所說的話，可能和四點鐘對乙患者講的正好相反。外表講什麼都不重要，甚至還可能前後不一。請記得，上主之師的第二個特質「眞誠」的定義是「表裡如一」：你所說的話、所做的事，應該與你的想法一致(M-4.II)。如果你想的是愛，你的表現就會與你的想法一致，那個愛的念頭自會告訴你今天該說什麼有益的

〔原註〕《暫別永福》P.381。

話，但五分鐘或五個月之後，它可能指點你講出另一套完全相反的話，然而，話語中慈愛的內涵始終如一。

有時候，我給某人一段建言，隨後發現他轉而告訴他人也該這樣做。儘管他是出於善意，但是愛的**內涵**對這人所呈現的**形式**有所幫助，對其他人卻可能完全無益。容我再強調一次，人們會犯這種錯誤，只因常把形式與內涵搞混了，這是修練奇蹟的關鍵之處。因此，耶穌指出，特殊關係代表「形式戰勝了內涵」（T-16.V.12:1~3），這也是所有形式化的宗教所犯的共同錯誤。一旦有了神職、儀式、習俗、對象、地點及用語後，這些形式到頭來成了憎恨與恐懼勝利的象徵。但是，你若先與愛的內涵認同，表達的形式自然會顯得慈悲溫柔。愛的形式容或前後不同，但皆出自同一個內涵，你的缺陷也會被愛仁慈地轉化成有益的助緣。為此，耶穌要我們以自己的缺陷作為療癒心靈的途徑，讓他的療癒之愛透過有限的我們，推恩給其他有限的個體。如此，我們就不再顯得特殊或獨一無二，只是聖子奧體的一部分而已；唯一不同的，人們都能感受到我們的愛與智慧，因我們已不再追逐個別利益、滿足個人的需求了。

> 他還需慢慢學習不再自行決定要說的話，而讓
> 聖靈為他選擇適當的措辭。這一學習過程正好
> 成了〈練習手冊〉「我要退讓下來，讓祂指引
> 前程」的註腳。（4:5~6）

所謂「退讓下來」，意指收回自己對小我的認同。
我不必假裝自己沒有小我，只是撤下自己對小我的認
同，將小我陰森的幻相帶到聖靈的真理之光中，如此而
已。當我認同了聖靈及其涵容一切的思想體系，外在的
處境未必改變，改變的是我賦予這些處境的目的。唯有
中止批判自己和他人的限制及缺陷，聖靈方能為我重新
詮釋這些缺陷的意義。他的慈愛讓我開始寬恕自己，因
而為他開啓一條管道，透過我向人們傳遞同一仁慈。於
是，過去小我的種種詛咒，如今終於轉為無盡的祝福。

> 上主之師得先接受聖靈給他的話，才能把自己
> 領受到的分享出去。他不再操控自己的話語的
> 流向。他只是聆聽，真正聽到以後才會開口發
> 言。（4:7~9）

只要我聆聽聖靈的寬恕訊息，不再聽信小我的罪咎
謊言，就能讓聖靈愛的天音成為我口中的話語。正如海

倫筆錄《課程》的心態，她退出了自己的小我，讓耶穌
在前領路。對海倫而言，耶穌乃是上主聖愛的象徵，她
若要與愛結合，就絕不能與小我結盟。她必須讓自己的
心靜下來，才能「聽到」耶穌的聲音，「聆聽」他愛的
訊息，這訊息便自然而然化為她自己的文字。準此而
言，每個人其實都在通靈，因為我們都聽得到內在的聲
音。實際上，並沒有任何聲音在我們的心靈之外，關鍵
是，我們究竟在聆聽誰的聲音。這就是為何《課程》的
焦點始終放在「覺察小我」，要我們時時留意小我是如
何熱中分裂、如何渴求特殊性。唯有如此，我們才能將
它們帶到耶穌跟前尋求療癒。

　　耶穌再三要海倫把她的恐懼當作禮物，與上主交
換，他不厭其煩地向海倫解釋：「除非你先交出你的恐
懼，否則我無法給你愛。就好比你只有一隻手，而且
手裡握滿了罪咎、恐懼及特殊性，它已經沒有空間容得
下愛了。我無法拿走你的罪咎，因此你必須和我一同正
視它，我才能教你看清，它究竟是怎麼一回事、從何而
來、你又為何選擇它，以及在這妄念的選擇下你失落了
什麼。明白之後，你才會樂意將它交託給我，一旦你交

託了，你空出的手自然就會充滿上主的愛。」〔原註〕

　　你若一心一意想在這條返回天鄉的「繞行之道」加速前進，就必須隨時求助，尤其是覺察到自己又把人我的差異當真的時刻。請記得，每當你對他人生起分別之念，必然出自小我，只要稍加留意，你絕不會看不見這麼明顯的警示燈號。但你也無需太當真，重要的是，不要為自己辯解、企圖保護這個念頭，或將它合理化。你只需這麼說：「顯然我又掉回小我的分裂之念了，因為我對某人的評語無法套用於每個人身上，包括我自己在內。」再次重申這個重要觀念：凡是無法套用在聖子奧體每一個人的判斷，必定出自小我。你無需試圖了解或分析這個判斷的內容，只需認出它的本質，看清它如何遮蔽你的另一種眼光，使你看不出人人都有相同的需求、利益和目標。

　　身為奇蹟學員，首要之務乃是學習活出《課程》的教誨，我們的心靈才能騰出空間，讓愛流經我們。你若覺得自己在世上負有某個偉大的使命，或是你認為耶穌指派給你一個特殊任務，此時，你應溫柔且諒解地一笑

〔原註〕參見《天恩詩集》PP.118~119

置之，明白自己的小我又發作了。你的任務只有寬恕而已。每當你認爲還有其他「大事」等待你去完成，盡快逃離你的小我吧。如果有人告訴你，你有什麼使命，你最好閃得更快些，因爲他們可能別有企圖。沒有誰的任務比他人更加重要，既然世界根本就不存在，何來重要的任務；既然你已明白唯一重要的任務僅僅是改變自己依舊相信世界存在的那個妄心，你又怎會相信人間還有其他有待完成的大事？

這並不是說，你最好從此無所事事，不再搭理一切的人事物，畢竟我們的身體若不運作，便無法久存。問題在於，**誰**才是運作身體的主人，是小我，還是聖靈？你若認爲自己在做的事十分重要，或認爲自己所做的事遠不及別人，因此無足輕重，這兩種想法都是出自小我。小我一定會大力加持，因兩者都會助長喜歡一較高下的特殊性。

當你拿自己與人一較長短，無論是因耶穌賦予你特殊任務而自認比別人重要，或因你看到別人都擁有特殊任務而自己卻一無是處，好似人間廢物，這兩種想法的本質全都一樣，因你又著眼於根本不存在的差異了。身著藍衣與身披紅袍的幻相，有何差別！披上權貴的外

衣，目空一切，與裹上卑微舊衫之幻相，又有何差別！任何凸顯「人我有別」的觀念，必然出自小我。我們此生唯一的重要任務，就是明白每個人都有同樣重要的任務，亦即**寬恕**。切記，任何使你與眾不同的事皆出自小我。除此之外，你無需知道什麼，反正人間所有的限制與束縛，它的內涵和目的，骨子裡全是同一回事。

耶穌要我們將自己的誤解和妄見交給他修正，明白自己之所以著眼於那些差異，是因為存心要把它弄假成眞，藉此維持自己個別又特殊的身分。我們只需反省一下，幾乎自己所做、所說、所感及所想的每件事，無一不在加深人我的分裂，只因我們並沒有把所有人當成同一生命，故也看不出每個人其實都在追逐共同的需求，分享共同的目標。

話說回來，我們也無需因自己的局限眼光而批判自己，只需誠實面對這一妄念，明白自己為何作此選擇即可，這才是求助的眞義。除非我們徹底體會這部《課程》背後的形上理念，亦即分裂的世界是個幻相，否則我們不可能眞心求助的。唯有領悟這個道理，才能避免自己掉入某種特殊關係的陷阱。「靈性特殊性」是這些陷阱中最難識破的一種，因它往往用神聖及權威的形式

來包裝自己。靈性特殊性對聖子奧體的分化及殺傷力，不是我們所能輕易看透的。爲此，我們若能謹記《課程》本身也是一個幻相，則必有助於避開這一陷阱。雖然這部課程可說是對人類最有助益的幻相，但它本身仍是文字及概念的產物。別忘了，人們曾爲了《聖經》互相殘殺，人們一樣會爲這部課程大動干戈，雖然目前還沒有造成形體上的廝殺，但就我所知，心理層面的廝殺早已屢見不鮮。然而，倘若人們不把《課程》的形式太過當眞，這種憾事就不至於發生了。

總而言之，我們應該當眞的是《奇蹟課程》愛的內涵，而非其表達形式。唯有如此，我們方能了解眞愛的完美一體本質乃是包容你我、包容萬物的。我們必須警覺自己多麼想緊抓著自身及他人的缺點不放，多麼不情願放下小我的思維邏輯。爲此，我們必須先寬恕自己並不想攀登寬恕的階梯，我們才可能開始拾級而上。阻礙我們攀升的，不是眼前的種種束縛、缺陷或不足，而是我們不肯透過溫柔而仁慈的眼光來看待這些不完美；也唯有不帶任何判斷的眼光，才能幫我們擺脫種種心障，讓愛自由地流經這個有限的自我，藉此而憶起上主之子的無限生命。

結　語

從有限邁向無限

　　最可慶幸的，我們於攀登階梯的過程中，修行途徑與終點都在自己的心內。聖靈的愛就是修行的**途徑**，一步步引領我們邁向上主聖愛的**終點**。那令人嫌惡又陰魂不散的「有限自我」，不論顯現在自己身上或投射在他人身上，如今都被寬恕轉化成指路的明燈，為我們照亮了返鄉的旅程。基督的慧見也為人間魅影揭示了全新的存在目的，原本為反映仇恨及恐懼而打造的一切，如今全成了引領我們回家的助緣。在那兒，聖愛在喜悅中默默等候我們的歸來。

　　我以〈練習手冊〉第三百零二課作為本書的結語。第一段是我們對上主的祈禱，其實就是我們向自己的呼籲：願我們寬恕那無需寬恕的愛，接受那超越限制及匱乏信念的神聖生命。第二段則是耶穌殷切的叮嚀，上主

是唯一的真理，愛是我們唯一的目標。在邁向**聖愛**的途中，愛一直在我們心內，那聖愛即是我們的**自性**，我們要回歸的，就是這個聖愛；伴隨我們繞道而行、穿越束縛而抵達無限的，也是這個聖愛。因此，我們並不想在人間抄捷徑，寧願讓此生所有的經歷轉而爲聖愛所用。耶穌就代表那個愛，一路陪伴我們攀登階梯，直到我們安抵家園。上主之子一旦恢復了本來面目，所有的限制便消融於無限之境。

我要在黑暗之地仰望光明

天父，我們的眼睛終於開啟了。我們總算恢復了眼力，看見了祢的神聖世界就在我們的眼前等候。我們認爲自己歷盡滄桑。我們已經忘了祢當初所創造的聖子。如今我們已看出，黑暗原是自己幻想出來的，光明在那兒等待著我們瞻仰。基督的慧見會把黑暗轉爲光明，因爲愛一來到，恐懼自然消逝了蹤影。願我今天寬恕祢神聖的世界，如此我才得見其神聖的面

目，並且明白，它不過反映出我生命的神聖本
質而已。

　　在我們邁向祂之際，聖愛等候著與我們同
行，且在前指點迷津。祂絕不會有任何閃失。
祂是我們追尋的終點，也是我們邁向祂的途
徑。

奇蹟資訊中心
出版系列：

《奇蹟課程》
（A Course in Miracles）──新譯本

　　《奇蹟課程》是二十一世紀的心靈學寶典，更是近年來各種心理工作坊或勵志學派的靈感泉源。中文版已在 1999 年由若水譯出，並由作者海倫‧舒曼博士所委託的「心靈平安基金會」出版。

　　新譯本乃是根據「心靈平安基金會」2007年所出版的「全集」，也是原譯者若水在「教」「學」本課程十年之後再次出發的精心譯作。全書分為三冊：第一冊：〈正文〉；第二冊：〈學員練習手冊〉；第三冊：〈教師指南〉、〈詞彙解析〉以及〈補編〉的「心理治療」與「頌禱」二文。新譯本網羅了《奇蹟課程》所有的正式文獻，使奇蹟讀者從此再無滄海遺珠之憾。（**全書三冊長達 1385 頁**）

《奇蹟課程》
〈學員練習手冊〉新譯本隨身卡

　　《奇蹟課程》第二冊〈學員練習手冊〉共三百六十五課，一日一課地，在力求具體的操練中，轉變讀者看事情的眼光，解開鬱積的心結。

　　若水由十餘年的奇蹟課程教學譯審經驗出發，全面重譯這部曠世經典。新譯版一本經典原文的精確度，語意更為清晰，文句更加流暢。精煉再三的新譯文，吟誦之，琅琅上口，饒富深意，猶如親聆J兄溫柔明晰的論述，每天化解一個心結，同享奇蹟。

　　為方便現代人在忙碌生活中操練每日一課，經三修三校的重譯版，首度以隨身卡形式發行，以頂級銅西卡精印，紙版尺寸 8.5 × 12.6 公分，另有壓克力卡片座供選購。（**全套卡片共 250 張**）

奇蹟課程導讀與教學系列

　　《奇蹟課程》雖是一部自修性的課程，只因它的理論架構博大精深，讀者常易斷章取義而錯失精髓，故奇蹟資訊中心陸續推出若水的導讀系列、米勒導讀，以及一階理論基礎及二階自我療癒DVD、其他演講錄音或錄影教材，幫助讀者逐漸深入這部自成一家之言的思想體系。

若水導讀系列

（一）《創造奇蹟的課程》（**全書 272 頁**）
（二）《生命的另類對話》（**全書 272 頁**）
（三）《從佛陀到耶穌》（**全書 224 頁**）

　　若水在這三冊中，解說《奇蹟課程》的來龍去脈與理論架構，透過問答的形式，說明崇高的寬恕理念如何落實於生活中；最後透過《奇蹟課程》的理念，闡釋佛陀和耶穌這兩位東西方信仰系統的象徵，在實相裡並無境界之別，而只有人心的「小我分裂」與「大我一體」的天壤之隔。

米勒導讀

《奇蹟半生緣》

　　一位慧心獨具卻不得志的記者，三十多歲便受盡「慢性疲勞症候群」的折磨，群醫束手無策，他在走投無路之下，不禁自問：「究竟是誰把我這一生搞得這麼慘？」

　　《奇蹟課程》讓他看到，自己竟是一切問題的始作俑者。他對這一答覆百般抗拒，直到有位心理治療師對他說：「恭喜你！你若讀得下這本書，大概得就不需要心理治療了！」

　　《奇蹟半生緣》全書穿插作者派屈克‧米勒浮沉人生苦海的經歷，但他並不因此獨尊自身的經驗和詮釋，而以記者客觀實証的精神，遍訪散居全美各地的奇蹟講師與學員，甚至傾聽圈外人的質疑。本書可說是一部美國奇蹟團體的成長紀實。（**全書 319 頁**）

奇蹟課程有聲教學教材

　　奇蹟資訊中心歷年發行《奇蹟課程》譯者若水的演講錄音或錄影光碟，將《奇蹟課

程》的抽象理念與現實生活銜接起來，幫助讀者了解《奇蹟課程》的精髓所在，是奇蹟學員不可或缺的有聲輔讀教材，由於教材內容每年不盡相同，欲知詳情，請上網查詢。

www.acimtaiwan.info 奇蹟課程中文網站
www.qikc.org 奇蹟課程中文部簡体網

肯恩實修系列

《奇蹟原則50》

許多讀者久仰《奇蹟課程》之盛名，興沖沖地讀完短短的導言後，就怔忡在一條一條有如天書的「奇蹟原則」之前。讀了後句忘前句，「奇蹟」的概念好似漂浮在字裡行間，始終無法在腦海中落腳，以至於閱讀了一兩頁之後便後繼無力，難以終篇，竟至棄書而逃。

「奇蹟原則」前後五十條，其實是整部課程的濃縮，若無明師指點，讀者通常都不得其門而入。於今多虧奇蹟泰斗肯尼斯旁徵博引，以深入淺出而又幽默的答問形式，將寬恕與奇蹟的精神落實於生活中，為初學者乃至資深學員提供了一個實修的指標。（全書209頁）

《終結對愛的抗拒》

追尋心靈成長的人，學到某個階段往往面臨一個瓶頸：儘管修習多年，一遇到某種挑戰，就不自覺地掉回原地，因而自責不已。問題到底出在哪裡？

佛洛依德在他的臨床經驗中，驚異地發現，病人的潛意識中有「拒絕療癒」的本能，肯尼斯根據《奇蹟課程》的觀點，犀利地剖析人們「拒絕療癒或轉變」的原因，又仁慈地為讀者指出穿越小我迷霧的關鍵，由停滯不前的窘境中突圍。對於追尋心靈成長和平安的人而言，本書不但有提點指授的功效，更有當頭棒喝的力道。（全書109頁）

《親子關係》

坊間論及親子問題的書籍可謂汗牛充棟，泰半繞在親子關係複雜且微妙的糾結情懷，唯獨肯尼斯·霍布尼克不受表象所惑，借用《奇蹟課程》的透視鏡，澈照出親子之間愛恨交織的真正關鍵。

本書表面上好似在答覆「如何教養子女」、「如何對待成年子女」以及「如何照顧年邁雙親」等具體問題，它其實是為每一個人點出我們在由「身為兒女」，到「照顧兒女」，繼而「照顧雙親」的艱苦過程，以及我們轉變知見時必然經歷的脫胎換骨之痛。（全書238頁）

《性・金錢・暴食症》

在紛紜萬象的世界裡，性、金錢與食物可說是人生問題的「重頭戲」，最易牽動小我的防衛機制，故也最具爭議性。作者肯恩沿用《奇蹟課程》中「形式與內涵」的層次觀念，針對性、金錢等等所引發的光怪陸離現象（形式），揭露它們背後一貫的目的（內涵）——小我企圖藉無止盡的生理需求，抹滅心靈的存在，加深孤立、匱乏、分裂等受害感，最後連吃飯、賺錢與性交都可能變成一種攻擊的武器。

肯恩與學員的趣味問答，反映出我們日常是如何受制於這些生理需求的；然而，我們也能藉聖靈之助，將現實挑戰化為人生教室，將小我怨天尤人的陰謀，轉為寬恕與結合的工具。（全書196頁）

《仁慈——療癒的力量》

這是一部針對奇蹟教師及資深奇蹟學員的實修指南。全書分上下兩篇，上篇列舉奇蹟學員常有的現象，例如以奇蹟之名攻擊他人，或以善意為由掩蓋自己批判的心態；下篇探討如何用仁慈的眼光來看待自己與他人的缺陷，教我們將自身的限制或缺陷轉為此生的「特殊任務」，在人間活出寬恕的見證，成為聖靈推恩的管道。（全書251頁）

《逃避真愛》

本書是針對道理全懂卻難以突破的資深學員而寫的，它一針見血地指出，綑綁我們修行腳步的，不是世界的黑暗，也非人間的牽絆，而是自己打造出來的一道心牆。

只因我們深怕真愛會消融了自己的特殊性，故把心靈最深的渴望隱藏到心牆之後，與之「解離」，在人間展開一場虛虛實實又自相矛盾的追尋。一邊痛恨小我的束縛，一邊又忙著為小我說項；以至於內心有一部分奮力向前，另一部分則寧可原地觀望。藉著裝傻、扭曲、辯駁，把回歸真愛的單純選擇

渲染成複雜又艱深的學問。

《逃避真愛》溫柔地解除了人心無需有的恐懼，讓我們明白心牆的「不必要」，陪伴我們無咎無懼地跨越過去。（全書156頁）

《假如二二得五》

從古至今，多少人心懷救苦救難的大志，傾注一生之力貫徹自身理想，卻往往受現實所圍而終不能及。我們這些凡夫俗子，亦不乏拼搏自救之心，然而在現實面前，還是屢屢敗陣，活得憋屈而無奈。問題究竟出在哪裡？

對此，本書剴切提出：整個世界其實一直按照 2＋2＝4 的「鐵律」來運作，萬物循著固定的軌跡盈虧盛衰，一切可謂「命中註定」，無怪乎歷史上的種種救世之舉皆以失敗告終。然而，《奇蹟課程》識破世界的詭計，小我既然使出 2＋2＝4 的苦肉計，它便祭出 2＋2＝5 的救贖原則，破解小我編織的羅網，溫柔地引領我們走出世界的幻境。本書即是教導我們，如何在貌似 2＋2＝4 的世界活出 2＋2＝5 的生命氣象，而且更進一步，迎向天地間唯一真實的等式 1＋1＝1。（全書171頁）

《駱駝・獅子・小孩》

本書書名出自德國哲學家尼采的代表作《查拉圖斯特拉如是說》裡的「三段蛻變」——駱駝、獅子、小孩。這則寓言提綱挈領地勾勒出靈性的發展過程，尼采的幾項重要論點，包括強力意志、超人、永劫輪迴，也在肯恩博士精闢的詮釋之下，與奇蹟學員熟悉的抉擇心靈、資深上主之師、小我運作模式等觀念相映成趣。

肯恩博士為奇蹟學員引薦這位十九世紀天才的作品，企盼在大家為了化解分裂與特殊性而陷入苦戰之際，可以由這本書得到鼓舞和啟發。我們終將明白，唯有「一小步又一小步」的前進，從駱駝變成獅子，再進一步蛻變為小孩，不跳過任何一個階段，才能抵達最後的目標。（全書177頁）

肯恩《奇蹟課程釋義》系列

《奇蹟課程序言行旅》

如果說《奇蹟課程》是一首曠世交響曲，《序言》便奠定了整首樂曲的氣質與基調，不僅鋪敘出奇蹟交響樂的關鍵理念，還將讀者提昇到奇蹟形上思想的高度和意境，堪稱《正文行旅》最佳的暖身之作。

肯恩有如一流的樂評家，領著讀者，在宏觀處，領受樂章磅礴的主旋律，在微觀處，諦聽暗藏其中的千百種變奏，致其廣大，盡其精微，深入課程之堂奧，回歸心靈之家園。（全書121頁）

《正文行旅》（陸續出版中）

《奇蹟課程》在人類靈性進化史上的貢獻可謂史無前例，而《正文行旅》乃是《奇蹟課程釋義》三部曲的完結篇。肯恩由文學、詩體、音樂三重角度，依循各章節的主題，提供了「重點式」以及「全面性」的導覽，幫助學員深入奇蹟三昧，沉浸於智慧與慈悲之海。

這部行旅可說是肯恩一生教學的智慧結晶，奇蹟學員浸潤日久，必會如他所願：奇蹟，發自心靈，必將流向心靈。（第一冊335頁）

《學員練習手冊行旅》（陸續出版中）

整套《奇蹟課程釋義》的問世，可說是無心插柳。1998年起，肯恩應學生之請，為〈學員練習手冊〉做了一系列的講解，基金會將研習錄音增編彙整為逐句詮釋的〈練習手冊行旅〉。此案既定，〈正文行旅〉以及〈教師指南行旅〉應運而生，為奇蹟學員提供了最完整且精闢的修行指針，訂名為《奇蹟課程釋義》，幫助學員將〈正文〉理念架構所引伸出來的教誨，運用到現實生活中。這三部《行旅》，可說是所有踏上奇蹟旅程的學員最貼心的夥伴。

《學員練習手冊行旅》的宗旨，乃是幫助奇蹟學員了解三百六十五課的深意，以及它們在整部課程中的作用。更重要的是，幫助學員將每日一課運用於現實生活中，否則《奇蹟課程》那些震古鑠今之言可謂枉費唇舌，徒然淪為一套了無生命的學說。（第一冊346頁，第二冊292頁，第三冊234頁，第四冊337頁）

《教師指南行旅》

（共二冊，含《詞彙解析行旅》）

〈教師指南〉是《奇蹟課程》三部書的最後一部，它以「如何才是上主之師」為主軸，提綱挈領地梳理出〈正文〉的核心觀念，全書以提問的形式鋪敘而成，為其他兩部書作了最實用的補充。

肯恩在逐句解說〈教師指南〉時，環繞著兩個主題：「個別利益」對照「共同福祉」，以及「向聖靈求助」。因為若不懂得向聖靈求助，我們根本學不會「共享福祉」這門功課。當然，全書也穿插不少副題，如「形式與內涵」、「放下判斷」等等，就像貝多芬的偉大樂章那樣，不時編入數小節旋律，讓主題曲與變奏曲銜接得更加天衣無縫。肯恩說：「我希望藉由本書讓學員看出，耶穌是如何高明地把他的基本訊息串連為一個整體，一如交響樂以主旋律與變奏曲那般交叉呈現、迴旋反覆地將我們領上心靈的旅程。」（第一冊337頁）（第二冊310頁）

其他出版品

《寬恕十二招》

《寬恕十二招》的作者保羅‧費里尼，有鑒於人們的想法與情緒反應模式，早已定型僵化，成了一種「癮」，不是一朝一夕可以化解得掉的。因此，他將《奇蹟課程》的寬恕理念，分解為十二步驟，一步一步地引導我們超越自卑、自責以及過去的創痛，透過自我寬恕而領受天地的大愛。這是所有準備好負起自我治癒之責的人必讀的靈修教材，也是曠世靈修經典《奇蹟課程》的輔讀書籍。（全書 110 頁）

《無條件的愛》

作者保羅‧費里尼繼《寬恕十二招》之後，另以老莊的散文筆法，細細描述我們每一個人心中都擁有的「無條件的愛」。他由大我的心境出發，以第一人稱的對話方式，直接與讀者進行心與心的交流，喚醒我們心中沉睡已久的愛，開啟那被遺忘的智慧。此書充滿了「醒人」的能量，是陪伴你走過人生挑戰的最好伙伴。（全書 215 頁）

《告別娑婆》

宇宙從哪兒來的？目的何在？我究竟是什麼？為什麼會在這裡？我要往哪裡去？我該怎麼活在這個世界裡？當你讀完本書，會有一種「千年暗室，一燈即亮」的領悟。

全書以睿智而風趣的對話談當今世局、原子彈爆炸，一直說到真愛、疾病、電視新聞、性問題與股價指數等等，讓我們對複雜詭異的人生百態，頓時生出「原來如此」的會心一笑。它說的雖全是真理，讀起來卻像讀小說一樣精彩有趣，難怪一問世便成了西方出版界的新寵。（全書 527 頁）

《一念之轉》

作者拜倫‧凱蒂曾受十餘年的憂鬱症所苦，一天早上，她突然覺悟到痛苦是如何形成又如何結束的。由此經驗中，她發明了四句問話的「轉念作業」（The Work），引導你由作繭自縛中徹底脫身，是一本足以扭轉你人生的好書。（全書 448 頁，附贈轉念作業個案 VCD）

《斷輪迴》 阿頓與白莎回來了！

繼《告別娑婆》走紅之後，葛瑞的生活形態發生重大的轉變，也面臨了更多的挑戰。葛瑞仍是口無遮攔地談八卦、論是非、臧否名流，阿頓和白莎兩位上師在笑談棒喝中，繼續指點葛瑞如何在現實挑戰下發揮真寬恕的化解（undo）功能，徹底瓦解我執，切斷輪迴之根。（全書279頁）

《人生畢業禮》

本書是保羅與 Raj 在 1991 年的對話記錄。對話日期雖有先後，內涵卻處處玄機，不論由哪一篇起讀，都會將你導入人類意識覺醒的洪流。

Raj 借用保羅的處境，提醒所有在人間孤軍奮鬥的人，唯有放下自己打造的防衛措施，才可能在自己的心靈內找到那位愛的導師。也唯有從這個核心出發，我們才會與所有弟兄相通，悟出我們其實是一個生命。（全書 288 頁）

《療癒之鄉》

《療癒之鄉》中文版由美國「獅子心基金會」委託台灣「奇蹟資訊中心」出版。

作者羅賓‧葛薩姜把《奇蹟課程》深奧又慈悲的教誨化為一套具體的情緒啟蒙和心靈復健課程，協助犯罪和毒癮的獄友破除心理障礙，學習處理人與人之間的衝突，調整情緒，建立自信，切斷「憤怒→攻擊→憤怒」的惡性循環。《療癒之鄉》陪伴無數受刑人度過獄中歲月。

《療癒之鄉》也是為所有困在自己心牢裡的讀者而寫的。世間幾乎沒有一人不曾經歷童年的創傷、外境的壓迫，以及為了生存而形成種種不健康的自衛模式。獄友的心路歷程給予我們極大的啟發，鼓舞我們步上心靈療癒之路。（全書 440 頁）

《我要活下去》

這本書不只是一本鼓舞信心的療癒指南，還是一個女人把自己從鬼門關前拉回來的真實故事。

作者朱蒂‧艾倫博士（Judy Edwards Allen, Ph.D.）原本是成功的專業顧問、大學教授、大學教科書作者，四十歲那年獲知罹患乳癌的「噩耗」，反而成為她生命的轉捩點，以清晰、熱情的文筆，記錄了她奮力將原始的求生意念成功地轉化為「康復五部曲」的歷程。讀者會看到她如何軟硬兼施地與醫生打交道，如何背水一戰克服無助感，又如何透過寬恕，喚醒內心沉睡已久的愛與生命力。最後，她終於超越自己對生死的執著，在這一場疾病與療癒的拔河大賽中，獲得了靈性的凱旋。（全書 280 頁）

《時間大幻劇》

人們對於時間，存在著種種截然不同的看法，比如：時間是良藥，可以癒合一切創傷；善惡終有報，只待時候到；時間是無情的殺手，終將剝奪我們的一切……。人類早已視時間的存在為天經地義，戰戰兢兢地活在過去的懊悔、現在的焦慮和對未來的恐懼中。我們好似活在一座無形的牢籠裡，苟延殘喘，等待大限的到來。

《奇蹟課程》的泰斗肯恩博士曾說：「不了解時間，不可能讀懂《奇蹟課程》的。」他引經據典，將散落全書有關時間的解說，梳理出一個完整的思想座標，猶如點睛之龍，又如劃破文字叢林的一道靈光，讓我們一窺《奇蹟課程》的究竟堂奧（究竟

義）。此書可說是肯恩留給奇蹟資深學員最珍貴的禮物。（全書413頁）

《奇蹟課程誕生》

《奇蹟課程》的來歷究竟有何玄虛？為什麼它選擇經由海倫‧舒曼博士來到人間？它的記錄方式及成書過程，與它傳給人類的訊息有何內在關係？有幸親炙此書的我們，又該如何延續奇蹟精神的傳承？

不論你只是好奇《奇蹟課程》的精采傳奇，還是有心以「史」為鑒，窮究奇蹟的傳承精神，本書都提供了最可靠的第一手資料。作者因與茱麗、海倫與比爾等人交往密切，故受這些開山元老之託，冷靜而客觀地梳理《奇蹟課程》的記錄及成書經過，佐以三位奇蹟元老的親筆自白，融鑄成一部信實可徵的《奇蹟課程》誕生史，帶領讀者重新走過五十年前那段精采神奇的心靈歷程。（全書195頁）

《飛越死亡的夢境》

本書榮獲美國出版界著名的「活在當下書籍獎」（Living Now Book Awards），全書以嶄新的視角詮釋曠世靈修經典《奇蹟課程》的教誨，為讀者剴切指出「起死回生」的著力點。

作者特別選取在人間每個角落不時作祟的「死亡陰影」入手，揭露小我抵制永恆生命的伎倆。作者以親身的經歷為奇蹟作證，並且提供了極其實用的反省練習，解除我們潛意識中對死亡的恐懼，為百害不侵的生命本質開啟了一扇門，真愛與喜悅得以流過人間，讓奇蹟成為日常生活裡「最自然的事」。（全書524頁）